J Gensel

Die Wohnungsfrage mit besonderer Beziehung auf Leipzig

J Gensel

Die Wohnungsfrage mit besonderer Beziehung auf Leipzig

ISBN/EAN: 9783744602006

Hergestellt in Europa, USA, Kanada, Australien, Japan

Cover: Foto ©Suzi / pixelio.de

Weitere Bücher finden Sie auf **www.hansebooks.com**

Schriften des Bayerischen Landesvereins
zur Förderung des Wohnungswesens (E. V.) Heft 14.

Die Wohnungsfrage eine Verkehrsfrage.

Ein Weg zur Lösung.

Von
Staatsminister a. D. Heinrich von Frauendorfer.

München 1918, Ernst Reinhardt, Verlag.

Die großstädtische Wohnungsnot hat während des Krieges einen erschreckenden Umfang angenommen. Staat, Gemeinden und gemeinnützige Vereinigungen bemühen sich, dem Mangel an Kleinwohnungen abzuhelfen, soweit das bei dem derzeit bestehenden Bauverbot praktisch möglich ist. Eine durchgreifende Verbesserung des Wohnwesens für die minderbemittelte Bevölkerung wird durch solche Notstandsmaßnahmen naturgemäß nicht erzielt werden. Andererseits verlangt die Rücksicht auf die nationale und wirtschaftliche Zukunft des Reichs, daß Wohnungs- und Siedlungsreform die Sozialpolitik der deutschen Zukunft bestimme. Mit den bisher angewandten Mitteln läßt sich diese Reform nicht durchführen. Das vor dem Krieg und bis heute übliche Verfahren der Stadterweiterung zum Zwecke der Vermehrung des Wohnungsangebots hat in wirtschaftlicher und gesundheitlicher Beziehung versagt. Eine entscheidende Besserung der Verhältnisse ist nicht möglich, wenn nicht großstädtische Verkehrsmittel in den Dienst der großstädtischen Wohn- und Siedlungsreform gestellt werden. Wir freuen uns, unseren Mitgliedern und Freunden eine Schrift des Herrn Staatsministers a. D. Heinrich von Frauendorfer über „Die Wohnungsfrage eine Verkehrsfrage, ein Weg zur Lösung", bieten zu können. Unter der weitblickenden Leitung Exzellenz von Frauendorfers ist die Sozialpolitik der bayerischen Verkehrsverwaltung, deren mustergültige Leistungen bekannt sind, geschaffen worden; besonders den sozial so wichtigen Fragen des Wohnungswesens und insbesondere des großstädtischen Wohnverkehrs hat Staatsminister von Frauendorfer von jeher sein besonderes Augenmerk zugewandt. Diese Fragen sind der Gegenstand der folgenden Schrift, die eine eigenartige und, wie wir glauben, zum Ziel führende Lösung der Wohnungsfragen und Verkehrsfragen vorführt.

Der Geschäftsführende Ausschuß
des Bayerischen Landesvereins zur Förderung
des Wohnungswesens (E. V.), München.

1*

Vorwort.

Der Schutzverband für deutschen Grundbesitz hat vor einiger Zeit drei Preisschriften veröffentlicht („Zur Wohnungsfrage." Drei Preisschriften, Berlin 1916, Puttkammer & Mühlbrecht), die das zum Wettbewerb ausgeschriebene Problem behandeln, „wie man der minderbemittelten Bevölkerung die billigste und zweckmäßigste Wohngelegenheit verschafft". Die Lösung, die in der mit dem ersten Preis ausgezeichneten Arbeit von Ministerialrat v. Völcker und Regierungsbaumeister Dr. Serini vorgeschlagen wird, soll in der vorliegenden Studie näher behandelt werden.

München, im Februar 1918.

von Frauendorfer.

Inhaltsübersicht.

VIII

Die großstädtische Wohnungsfrage.

Im allgemeinen.

In der großstädtischen Wohnungsfrage ist ein Problem herangewachsen, das mehr als je mit einer gewissen Unwiderstehlichkeit zu einer befriedigenden Lösung drängt[1]). Seit Jahrzehnten wird die Wohnungsfrage im In= und Ausland von ernst denkenden Männern behandelt, und den Menschenfreund kann es mit Befriedigung erfüllen, daß auf diesem Gebiet in großem Umfang eine Besserung angebahnt und auch erzielt worden ist. Aber immer noch bleibt ein weites Feld für praktische Arbeit auf allen einschlägigen Gebieten.

Der Krieg und die Wohnungsnot.

Mehr noch als im Frieden hat sich im Krieg die allgemeine Aufmerksamkeit auf die Übelstände im großstädtischen Wohnungswesen gelenkt. In der Zeit, in der das Volk mit seinem Blut den heimatlichen Boden verteidigt, ist es eine schwere Anklage gegen die sozialen Verhältnisse der Gegenwart, daß in der Großstadt Tausende keine wirkliche Heimstätte besitzen. Es sind die Nomaden unserer Großstädte, die heute da, morgen dort ihre Zelte aufschlagen, für die das Wort Heim eine Unwahrheit ist.

Nach dem Kriege.

Nach dem Kriege werden Wohnungsnot und Wohnungsteuerung in den Großstädten noch zunehmen. Es wird insbesondere, wie nach dem Kriege 1870/71, mit einer heftigen Kleinwohnungsnot zu rechnen sein. Zwar werden Hunderttausende nicht mehr in die Heimat zurückkehren, auch die Bevölkerungszunahme ist durch den Krieg verlangsamt worden, aber anderseits hat der Krieg auch die Bautätigkeit gelähmt, in der Bevölkerung sind drei Jahresklassen herangewachsen, die nach dem Krieg einen ständigen Hausstand gründen wollen, viele Tausende kriegsgetrauter Paare warten nur auf den Frieden, um sich ein Heim zu suchen, die Zahl der Eheschließungen wird mächtig wachsen. Dabei werden aber die gesteigerten Materialpreise, Löhne, Zinssätze und Steuerlasten die Wohnungsmieten stark in die Höhe treiben, während die Einkommensverhältnisse breiter

---

[1]) Dr. Schmittmann stellt in seinem Buche über Reichswohnversicherung den Satz auf: Je kleiner die Wohnung, desto überfüllter, desto teurer ist sie, desto größer und häufiger sind die Mietssteigerungen, desto häufiger der Umzug, je kleiner das Einkommen, um so größer der Prozentsatz, der davon für die Wohnung aufzuwenden ist.

Schichten in den Klassen der Minderbemittelten, aber auch im Mittel=
stande mit den gesteigerten Kosten der Lebenshaltung nicht Schritt
halten werden.

Es besteht daher in Literatur[1]) und Presse, bei den Regierungen
und Volksvertretungen die übereinstimmende Meinung, daß nach dem
Kriege die Lösung des großstädtischen Wohnungsproblems eine der
dringendsten Fragen bei dem Wiederaufbau unserer Volkswirtschaft,
aber auch eine der wichtigsten aller Aufgaben der nationalen Sozial=
politik sein wird. Das Kapitalabfindungsgesetz, das den Kriegs-
invaliden die Gründung von Heimstätten erleichtern soll, hat der
Bewegung, die erfreulicherweise eingesetzt hat, einen neuen kräftigen
Anstoß gegeben, in einer Reihe von Staaten sind Landsiedelungs-
organe (=Gesellschaften) gegründet worden, man hat auch auf dem
Wege der Wohnungsgesetzgebung den Dingen näher zu kommen gesucht.

Ein Vorschlag zur Lösung.

Preisaus-
schreiben des
Schutzver-
bands für
deutschen
Grundbesitz.
Es ist ein Verdienst des Schutzverbands für deutschen Grund=
besitz, daß er noch kurz vor Ausbruch des Krieges gerade die Frage
der Beschaffung billiger Wohnungen für die minder=
bemittelten Klassen zum Gegenstand eines Preisausschreibens
gemacht hat, und es trifft sich glücklich, daß die Preisschriften
nunmehr veröffentlicht worden sind; sie werden auch ihrerseits die
Aufmerksamkeit auf das hochaktuelle Problem ziehen. Die mit dem
ersten Preis ausgezeichnete Arbeit von Ministerialrat v. Völcker und
Regierungsbaumeister Dr. Serini hat eine Lösung vorgeschlagen, der
ich eine besonders große Bedeutung von wirtschaftlichen, sozialen und
verkehrspolitischen Gesichtspunkten aus beimesse.

Vorschlag der
mit dem ersten
Preis ausge-
zeichneten
Schrift.
Von dem Grundgedanken ausgehend, daß die großstädtische
Wohnungsfrage zugleich eine Verkehrsfrage ist, suchen die Verfasser
der Preisschrift die Lösung darin, daß auf einem in größerer Ent=
fernung von der Großstadt gelegenen Außengelände, das mit einer
eigenen Schnellbahn an die Großstadt angeschlossen wird, Wohnungen
für alle Klassen der Bevölkerung geschaffen werden.

---

[1]) Vgl. Paul Hirsch: „Städtische Wohnungs- und Bodenfrage im Kriege",
in den Kriegsheften des Archivs für Sozialwissenschaft und Sozialpolitik S. 808 ff.
Dort ist auch weitere Literatur angeführt und die Stellungnahme von Behörden
und öffentlichen Organisationen mitgeteilt.

Die Preisschrift bringt neben einer systematischen wissenschaftlichen Behandlung aller einschlägigen Fragen auch ein bis ins kleinste durchgeführtes Beispiel einer solchen Wohnungskolonie. In der nachstehenden Erörterung soll neben grundsätzlichen Fragen auch dieses Beispiel behandelt werden. Denn die Vorzüge und Schwierigkeiten eines Vorschlages werden durch nichts augenfälliger klargestellt, als durch ein der Wirklichkeit möglichst nahe kommendes praktisches Beispiel.

Dieses Beispiel nimmt an, daß in einer mittleren Entfernung von 15 km vom Großstadtzentrum ein Geländekomplex von etwa 2000 ha (20 qkm) zu einem Einheitspreis von 1 Mk. für das qm, also zu einem Satze erworben wird, der den durch die Großstadtnähe nicht beeinflußten Preis von Ackerland mittlerer Güte immer noch um das Doppelte, von Waldboden um das Drei- bis Vierfache übertrifft. Die zum Anschluß des Geländes an die Großstadt zu erbauende Schnellbahn soll ausschließlich den Bedürfnissen des Wohnverkehrs angepaßt werden. Sie soll aus einer etwa 10 km langen zweigleisigen Stammlinie bestehen, die an ihren beiden Enden in eingleisige Schleifen übergeht, wie dies in der nachstehenden Abbildung schematisch dargestellt ist.

Die Schleife I soll als Untergrundbahn bis an das Geschäftsviertel der Großstadt herangeführt werden, ihre Haltestellen sollen einen bequemen Übergang auf andere großstädtische Verkehrsmittel ermöglichen. In der Wohnungskolonie werden gleichfalls zwei Schleifen ausgeführt: jeder erste Zug befährt die Schleife II und hält an den Stationen R, S, T, U, V, jeder zweite Zug bedient die Schleife III mit den Stationen W, X, Y und Z. Die Stammlinie A—R wird ohne Aufenthalt durchfahren. Die durchschnittliche Fahrzeit zwischen je einer Station der Schleife I und einer Station der Schleifen II oder III soll 20 Minuten betragen.

Die Wohnungskolonie soll in eine Wohn- und Fabrikstadt zerfallen.

Die Wohnstadt soll an Wohngelände . . . . . . 10 qkm
an Wohnstraßen . . . . 2 qkm
umfassen,
die Fabrikstadt soll einschließlich der Arbeiterwohnungen zusammen eine Fläche von . . . . 5 qkm
einnehmen. Außerdem sind im ganzen noch freie Flächen von . . . . 3 qkm
für Parkanlagen, Friedhöfe, Verkehrsanlagen usw. vorgesehen.

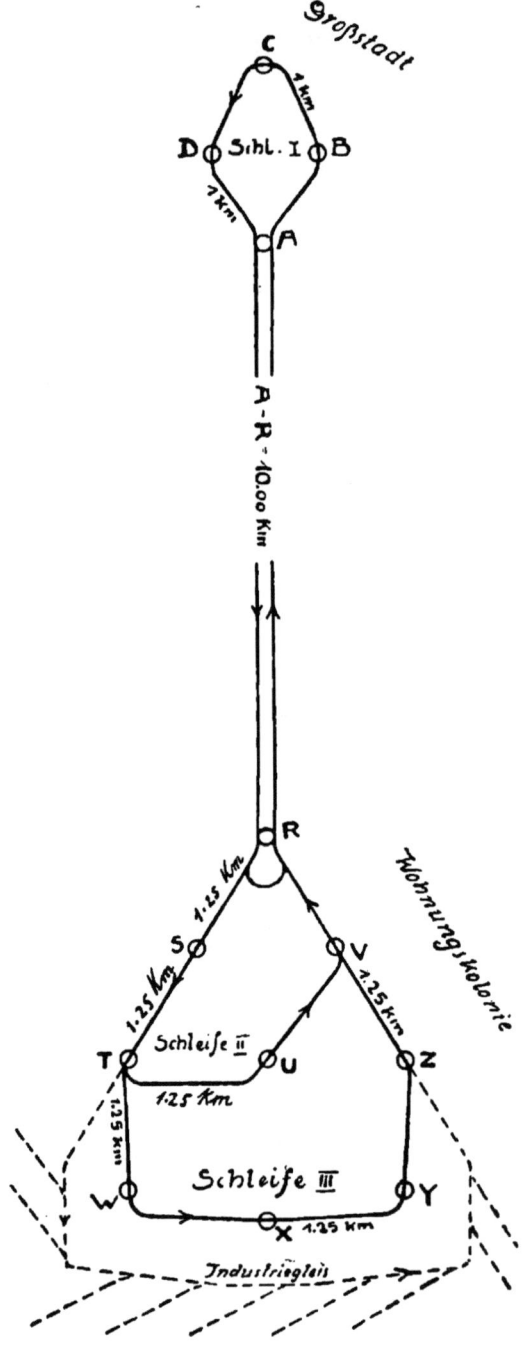

Abb. 1. Schematische Darstellung des Wohnverkehrsunternehmens.

In der Wohnstadt sollen auf eine Wohnung durchschnittlich 400 qm baureisen Grund und Bodens, oder einschließlich der Straßen 480 qm Fläche treffen. Bis zur vollen Besiedelung soll das Gelände, soweit irgend möglich, für die Anlage von Vergnügungsstätten, Sportplätzen oder zu Ausstellungszwecken usw. vermietet, oder zu landwirtschaftlicher Nutzung verpachtet werden.

Nach vollständigem Ausbau der Kolonie sollen in der Wohnstadt bis zu 25 000 Wohnungen mit 100 000 Einwohnern, in der Industrie= stadt 7 500 Wohnungen mit 30 000 Einwohnern angesiedelt sein. Die größte Entfernung eines Wohnhauses von der nächsten Station wird mit nur 0,6 km angenommen.

Der Aufwand an Fahrkosten für die 20000 täglich zur Stadt fahrenden Haushaltungsvorstände soll kapitalisiert dem Bodenpreis zugeschlagen werden. Bei einem Fahrpreis von 0,20 Mk. für die einfache Fahrt und jährlich 600 einfachen Fahrten ergibt sich auf 25 Jahre kapitalisiert ein Betrag von 2000 Mk. Zur Deckung eines Teiles der Fahrkosten sollen auch die Grundstücke herangezogen werden, deren Bewohner nicht täglich in die Großstadt fahren, so daß sich für den mit Fahrgeldbezugsrecht ausgestatteten Baugrund nur ein Zuschlag von 3,60 Mk. für das qm ergibt. Die kleinsten Anwesen mit 200 qm Grundfläche würden dabei am Bodenpreis nur ein Drittel der sie an sich treffenden Fahrkosten entrichten.

Die Preise des Baugrundes sind für das qm wie folgt berechnet:

Rohgelände	Mk. 1,00
Straßenherstellung	„ 1,00
Kanalisation	„ 0,60
Zinsverlust bei Annahme eines 20jährigen Zeitraumes bis zur vollen Besiedelung, Verwaltungskosten und Reserve	„ 0,80
kapitalisierter Fahrkostenanteil für Grundstücke mit Fahrkostenbezugsrecht	„ 3,60
sohin Gesamtpreis für das qm Baugrund mit Fahr= kostenbezugsrecht	Mk. 7,00.
Für Grundstücke ohne Fahrkostenbezugsrecht beträgt der Anteil am kapitalisierten Fahrkostenzuschlag nur .	Mk. 1,60,
der Gesamtpreis sohin	Mk. 5,00.

Die Baukosten sind für verschiedene Wohnungstypen — natürlich noch nach Friedenspreisen — berechnet. Für die billigste Durchschnitts=

wohnung mit 200 qm Grundfläche für die Wohnung und 4 Wohn=
räumen zu 60 qm Wohnfläche im Stockwert=(Reihen=)haus ist
ein monatlicher Mietwert von 30 Mk., oder abzüglich des Garten=
ertrages 27,50 Mk., für ein Einfamilienhaus mit 400 qm Anwesens=
fläche und 5 Räumen zu 100 qm Wohnfläche ein Mietwert von
53 Mk., oder abzüglich des Wertes der Gartennutzung 48 Mk.
im Monat ermittelt.

Sonst mögliche Lösungen. Wenn es sich darum handelt, auf dem großstädtischen Grundstücks=
und Wohnungsmarkt Erleichterungen zu schaffen, so ist es jedenfalls
grundsätzlich richtig, die Lösung in der Beschaffung billiger Außen=
wohnungen zu suchen. Damit soll nicht gesagt sein, daß nur dieser
einzige Weg in Betracht kommt; die Verbesserung der großstädtischen
Wohnungsverhältnisse ist im Gegenteil ein Problem von einer solchen
Vielseitigkeit, daß eine Mehrzahl von Lösungen möglich und auch
notwendig ist. Auch das vielgeschossige großstädtische Miethaus und
die zweckentsprechende und möglichst billige Herstellung von Klein=
wohnungen in diesem bildet ein wichtiges Problem der Wohnungs=
fürsorge. Gerade in dieser Beziehung sind aber in den letzten
Jahrzehnten große Fortschritte gemacht worden. Tausende von
Hektaren, zum Teil schon baureifen Geländes, liegen ferner in allen
unseren Großstädten in der Zwischenzone zwischen dem letzten Jahres=
ring der Stadterweiterung und den näheren Vororten, Flächen, die
teils noch für die Bebauung mit vielgeschossigen Mietpalästen in den
weiter vom Stadtkern abgelegenen Gürteln, teils aber auch zur
weiträumigeren Besiedelung mit kleineren Wohnhäusern bis herab
zum Einfamilienhaus in Betracht kommen. In den äußeren Bezirken
dieser Zone entstehen auch abwechslungsreiche Villenviertel mit schmucken
Ziergärten, Stadtteile, die in ästhetischer und hygienischer Hinsicht
den innerstädtischen Mietkasernenquartieren oft weit überlegen sind.

Wohnungen mit Gartenland. Aber schon die Bodenpreise in diesen Lagen schließen es aus,
hier dem Minderbemittelten neben einer gesunden Wohnung
auch noch austömmliches Gartenland zur wirtschaftlichen
Benutzung zur Verfügung zu stellen, ein Ziel, dem auch mit bau=
polizeilichen Vorschriften, die eine weiträumige Bauweise anordnen,
kaum irgendwie näher zu kommen sein wird. Im Gegenteil, gerade
die Bauvorschriften und die durch sie gesteigerten Baukosten, schließen
den minderbemittelten Teil der Großstadtbewohner von den Villen=
vorstädten nahezu aus, seine Wohnquartiere sind, abgesehen von den

Fabrikvierteln, die eng aneinander gereihten Großwohnhäuser in dem Ring zwischen den Großstadtkern und den Villenvorstädten. Man wird daher, will man dem kleinen Beamten und Angestellten und dem Arbeiter der Großstadt ein Fleckchen Land einräumen, auf dem er für sich und seine Familie den Bedarf an Gemüse und Obst bauen und vielleicht auch etwas Kleintierzucht treiben kann, über diese Zone hinausgehen müssen. Man mag dies beklagen oder begrüßen, die Entwicklung ist einmal so, daß es im näheren Umkreis der Großstadt — und damit überhaupt in der Großstadt — unmöglich ist, für die im Großstadtinnern werktätige Bevölkerung der unteren Klassen Wohnungen mit Gelegenheit zur Gartenwirtschaft zu schaffen. Und doch scheint mir gerade hierin das wichtigste Problem zu bestehen, das auf dem Gebiet der großstädtischen Wohnungsfürsorge noch seiner Lösung harrt. Der Mensch ist ein Kind der Erde, er braucht zum Gedeihen nicht bloß Licht, Luft und Wasser, sondern auch Land.

Wie stark das Sehnen, ja das Bedürfnis der städtischen Bevölkerung und nicht zum mindesten der Großstadtjugend nach einem wenn auch noch so kleinen Stückchen Land ist, das wird durch nichts so deutlich bewiesen, als durch die sog. Heimgartenbewegung, die in der neueren Zeit fast in allen deutschen Großstädten eingesetzt und sich namentlich im Krieg so außerordentlich verstärkt hat. Die Tätigkeitsberichte der einschlägigen Münchener Organisationen, die nunmehr in dem „Familien-Kriegsgärten-Verband München E. V." unter der verdienstvollen Leitung des Oberlehrers Freytag vereinigt sind, sprechen von einem wahren Hunger der städtischen Bevölkerung nach Grund und Boden. Diese Organisationen haben bis jetzt rund 1 Million Quadratmeter brach liegenden Landes der gartenmäßigen Bebauung zugeführt, durch die 5000 Familien mit ihrem Bedarf an Gemüse versorgt werden. Weit außen liegen diese Plätze, keine Mühe und keine noch so weiten Wege scheuen die Leute, um nach der Arbeit des Tages und der Woche, bei Regen und Sonnenbrand hinauszueilen und einem kleinen Stück Boden einen kargen Ertrag abzuringen. Ein unbewußter Drang zieht den Großstadtmenschen wieder hinaus in das freie Land, woher er gekommen ist, als könne er hier neue Lebenskraft schöpfen, gleich dem Riesen Antäus, der, wie er den Boden berührte, immer wieder neue Kraft gewann.

Wenn uns hienach die Heimgartenbewegung auch einen wichtigen Fingerzeig für die Beurteilung der Bedürfnisse der Großstadt-

(margin: Heimgartenbewegung.)

(margin: Die Problemstellung.)

bevölkerung gibt, und wenn diese Bewegung in der Tat auch die kräftige Unterstützung der berufenen Kreise verdient, so darf man doch anderseits ihre Bedeutung nicht überschätzen. Ich sehe in der Heimgartenbewegung nicht mehr als einen bescheidenen Notbehelf, aber keine Lösung des großen Problems. Eine solche hat die Schaffung einer gesundheitlich einwandfreien Wohnung mit unmittelbar an das Wohnhaus anschließendem auskömmlichem Gartenland zur Voraussetzung. Es wird daher — und die Preisschrift geht von dieser Tatsache aus — notwendig sein, mit dem Wohngelände für die Minderbemittelten weit über den näheren Geländegürtel hinaus bis zu Entfernungen vorzurücken, wo noch die praktische Möglichkeit besteht, den Grund und Boden zu landwirtschaftlichen Preisen zu bekommen. Es kommt weiter darauf an, alle überhaupt möglichen Mittel heranzuziehen, um die Gestehungskosten der Wohnungen herabzudrücken und die Verkehrsbedingungen möglichst günstig zu gestalten.

Der Baugrund.

a) Erwerb vor Herstellung der Verkehrsanlage.

Die Preise großstädtischen Baugrundes sind auch unter günstigen Verhältnissen reichlich zehnmal so hoch als die Preise land= oder forstwirtschaftlich benutzter Grundstücke[1]). Will man daher billiges Baugelände für Wohnungszwecke gewinnen, so muß man es möglichst zu land= oder forstwirtschaftlichen Preisen zu erwerben suchen. Das ist aber, da die Steigerung der großstädtischen Bodenpreise sehr weit in das Außengelände hinausgreift, nur möglich, wenn man bei der Erwerbung weiter vom Großstadtzentrum abliegende Geländeflächen aufsucht, um sie dann durch ein modernes Verkehrsmittel mit der inneren Großstadt zu verbinden.

Gemeinhin wird nun angenommen, daß es lediglich der Herstellung von Verkehrslinien bedürfe, um die Wohnungsverhältnisse von Grund aus zu verbessern. Die Erfahrungen haben jedoch diese Annahme bisher nicht bestätigt. Denn es hat sich immer gezeigt, daß sich in gleichem Schritt, ja vorauseilend, die Bodenspekulation das durch die Eisenbahn zu erschließende Gelände zu sichern sucht und auch der ansässige Grundbesitz an dem Gewinn aus der Wertserhöhung teilzunehmen bestrebt ist. Wenn dann das Verkehrs-

---

[1]) Preisschrift S. 11.

mittel ins Leben tritt, hat sich bereits in einer weiteren Zone dasselbe typische Bild wie in den näheren Zonen entwickelt, aus den
landwirtschaftlichen Preisen sind Bauplatzpreise geworden.

„Der Grundeigentümer hat nun — gleichviel ob er der ursprüngliche Besitzer ist oder ob er das Grundstück zu spekulativen
Zwecken erworben hat — kein unmittelbares Interesse daran, die
sofortige Bebauung zu betreiben. Er weiß im Gegenteil wohl, daß
die Werterhöhung nicht mit einem Schlag eintritt. Er wird daher
mit der Bebauung oder mit dem Verkauf an den Bauunternehmer
so lange zuwarten, bis die gewünschte Wertserhöhung eingetreten ist.
Müssen nun die Baugründe Jahre und Jahrzehnte lang unge-
nützt liegen, so entstehen, soweit sie der ursprüngliche Besitzer nicht selbst
in der Hand behält, Zinsverluste, denn beim seinerzeitigen Verkauf
müssen Zinsen und Zinseszinsen zum Preis geschlagen werden und
so kommt es, daß schließlich der Zinsverlust den Gewinn wieder auf-
wiegt, nach Umständen sogar übersteigt und trotz des Wertzuwachses
Verluste entstehen können.

Dabei kommen selbstverständlich auch die Wohnungsinteressenten
und insbesondere die Minderbemittelten nicht zu billigen Wohnungen.

Aber auch das Verkehrsunternehmen kommt nicht auf seine
Rechnung. Seine Wagen rollen Jahre lang durch unbebautes oder
schwach bebautes Gelände. Das Unternehmen arbeitet mit Verlust
oder mangelhaftem Gewinn und kann seine Einrichtungen nicht ver-
vollkommnen, seinen Betrieb nicht verdichten. Im Gegenteil, weil
die Allgemeinheit in der fortgesetzten Vermehrung der Verkehrslinien
das Allheilmittel gegen die steigende Wohnungsnot sucht, werden
stets wieder neue Linien eröffnet, das Immobiliengeschäft und das
Großkapital muß sich auf die noch unerschlossenen Grundstücke schon
im Interesse der Selbsterhaltung werfen, und so wiederholt sich stets
das gleiche Spiel. Die Grundbesitzer und das Immobiliengeschäft
haben keinen Nutzen von der Wertserhöhung, der Verkehr nicht von
der Erbauung neuer Linien und die Wohnungsinteressenten nicht
von der Erschließung neuen Wohngeländes durch Verkehr und
Immobiliengeschäft.“[1]

Auf dem Internationalen Straßen- und Kleinbahnkongreß
zu Christiania 1912 hat darum der Straßenbahnreferent der Stadt
München, Dr. Kühles, den Satz aufgestellt, „daß eine Straßenbahn

[1] Preisschrift S. 17, 18.

die Bautätigkeit nicht entwickelt, sondern hemmt". Dieser Satz kann richtig sein, er muß es aber nicht. Er trifft jedenfalls dann nicht zu, das Verkehrsmittel führt vielmehr zur Schaffung billiger Wohnungen, wenn das Wohngelände schon v o r der Herstellung des Verkehrs erworben wird [1]. Die Erwerbung muß aber durch jemanden vorgenommen werden, der selbst lediglich die Interessen der Wohnungsnehmer im Auge hat; sie kann in dieser Absicht geschehen durch die Gemeinde oder einen Zweckverband, sie kann aber auch durch das Verkehrsunternehmen selbst [2] als den natürlichen Bundesgenossen der Wohnungsnehmer oder auch durch ein Unternehmen geschehen, das von den öffentlichen Gewalten oder von dem Verkehrsunternehmen abhängig ist.

Auf diese Weise wird das Baugelände so billig als überhaupt möglich ist, für den Wohnungsbau gewonnen. v. Völder und Serini haben in ihrem Beispiel angenommen, daß die Gestehungskosten des Rohgeländes 1 Mk. für das Quadratmeter betragen. Der Preis kann zweifellos unter günstigen Verhältnissen noch niedriger sein, wiewohl nach dem Kriege mit einer Steigerung der landwirtschaftlichen Bodenwerte zu rechnen sein wird.

Zu dem Erwerbspreis des Rohgeländes kommen dann die Kosten für Aufschließung durch die Straßenherstellung, Kanalisation, und vor allem die Verkehrskosten.

b) Aufschließung.

1. Straßenherstellung. Schon bei der Straßenherstellung zeigt sich, daß für eine Wohnungskolonie im ferneren Außengelände eine besonders weitgehende Verbilligung der Gestehungskosten erreichbar ist. Man wird in einer solchen Kolonie zwischen reinen Wohnstraßen und den eigent-

---

[1] Eine Forderung, die auch in der Literatur vielfach, so von Kemmann, Petersen, Schimpff u. a. vertreten wird.

[2] Ein interessantes Beispiel hiefür bildet die Rheinische Bahngesellschaft in Düsseldorf, die Ländereien im Buchwert von 4,37 Mill. Mk. (1,30 Mk./qm) erworben hat; bei Verkäufen für Industriezwecke wurden 7—10 Mk., für baureifes Wohngelände 30 Mk. für das Quadratmeter erlöst (vgl. Dr. Erkel, die Entwicklung des großstädtischen Wohnungs- und Verkehrswesens in den letzten Jahrzehnten, Wien 1916 S. 31). In Amerika haben die Bahngesellschaften breite Streifen Landes beiderseits auf der ganzen Länge der von ihnen erbauten Bahnen erworben. Das gleiche Verfahren wurde bekanntlich auch beim Bau der preußischen Kanäle eingeschlagen.

lichen Verkehrsstraßen zu unterscheiden haben. Nur die letzteren, die nicht nur den Verkehr der Anwohner, sondern einen weitergehenden Durchgangsverkehr vermitteln, müssen für die Aufnahme stärkerer Verkehrsbelastung entsprechend leistungsfähiger ausgestaltet werden, sie sind aber weitaus in der Minderzahl. Die Wohnstraßen können viel schmäler, die Straßenbefestigung kann weit einfacher gehalten sein, als es bei den Verkehrsstraßen oder gar bei den Straßen im Stadtinnern und in den dicht bewohnten Vorstädten der Fall zu sein braucht[1]). Während man für das laufende Meter Anwesensfront in Berlin, je nach der Breite der Straße, 180—260 Mk., in München 120—200 Mk. rechnet, braucht man in den Wohnstraßen von Gartenstädten kaum mehr als 25—50 Mk., also nur ein Fünftel und weniger anzusetzen. Wenn ein Einfamilienhaus mit 10 m Frontbreite im Stadtinnern für die Straßenherstellung mit 1500 Mk. belastet ist, so mag die Belastung in der weiträumig angelegten Gartenwohnstadt 300 Mk. betragen; bei einem Zinssatz von 5 % hätte also im Stadtinnern das Einfamilien= haus jährlich 75, in der Gartenwohnstadt 15 Mk. aufzubringen, und bei der weiträumigen Bauweise (400 qm für die Wohnung), wie sie in dem Musterbeispiel angenommen wird, ergibt sich für das Quadrat= meter Baugrund an Kosten für die Straßenherstellung ein Zuschlag von nur 1 Mk., während sich nach den erwähnten Sätzen im Stadt= innern für einen um die Hälfte kleineren Bauplatz ein Zuschlag von 7.50 Mk. berechnen würde.

In der Frage der Kanalisation sind die Annahmen des Muster= **2. Kanali-** beispiels besonders vorsichtig, indem, trotz der weiträumigen Bebauung, **sation.** von der ausgegangen wird, durchschnittlich 0.60 Mk. für das Quadrat= meter oder 260 Mk. für die Wohnung (60 Mk. für den Einwohner) an Kanalisationskosten in Ansatz gebracht werden. In einer weiträumig angelegten Wohnungskolonie wird anzustreben sein, daß die Abfall=

---

[1]) Ein Erlaß des preuß. Ministers der öffentl. Arbeiten vom 26. III. 17 über die Förderung von Kleinhaussiedelungen und Kleinhausbauten (Zentralblatt der Bauverwaltung S. 201) unterscheidet zwischen Haupt= und Nebenverkehrsstraßen und Wohnstraßen und empfiehlt möglichste Verkürzung der Wohnstraßen durch nahe Zusammenlegung der Hausgrundstücke (wobei einzelne zu den Wohnstellen gehörige Nutzflächen auch durch schmale Fußwege aufgeschlossen werden können), dann größte Sparsamkeit bei Bemessung des befestigten Teils der Fahr= und Gangbahnen (wobei bis auf 2,50 bzw. 1,0 m herabgegangen werden soll), Ausnutzung des nicht befestigten Teils der Straßenbreite als Vorgärten ꝛc., Entwässerung durch oberirdische Rinnen= ableitung usw.

stoffe der menschlichen Wohnungen möglichst dem Boden als Dung wieder zugeführt und damit restlos wieder für die Erzeugung von Nährstoffen nutzbar gemacht werden. Es wird deshalb, insbesondere bei den Wohnungen der minderbemittelten Klassen, in deren Reihen hauptsächlich das Bedürfnis vorhanden sein wird, ein Stück Land wirtschaftlich zu nutzen, mit noch viel einfacheren Einrichtungen das Auskommen gefunden werden können, als in der Preisschrift angenommen ist und daher dieser Ansatz noch stark ermäßigt werden können[1].

3. Zins- und Verwaltungsaufwand.

Daß der Zins- und Verwaltungsaufwand um so niedriger wird, je mehr sich die Erwerbspreise den Preisen land- oder forstwirtschaftlich verwerteter Grundstücke nähern, bedarf keiner weiteren Begründung. Das Verkehrs- und Siedelungsunternehmen wird sogar den landwirtschaftlichen Reinertrag der erworbenen Grundstücke in der Zwischenzeit bis zu ihrer Umwandlung in Wohnungsanwesen erheblich zu steigern vermögen.

Kapitalisierter Fahrkostenzuschlag.

Wir kommen nun zu einem grundsätzlich neuen Gedanken der Preisschrift, der mir von allergrößter Wichtigkeit zu sein scheint. Die Preisschrift bezieht in die Aufschließungskosten noch einen erheblichen Teil der Verkehrskosten ein, indem sie den Einheitspreis für das Quadratmeter baureifen Landes noch durch einen kapitalisierten Fahrkostenzuschlag erhöht.

Es ist eine Erfahrungs-Tatsache, daß der Fahrkostenaufwand, der die Bewohner des Außengeländes trifft, in Prozenten der Wohnungsmiete ausgedrückt, um so höher ist, je kleiner der Mietwert der Wohnung ist. Der Arbeiter, der bei einem Mietzins von monatlich 20 Mk. für sich und seine Familie 10 Mk. an Fahrkosten aufzuwenden hat, erhöht damit die Kosten seiner Wohnung um 50 %, bei dem begüterten Villenbesitzer, dem seine Wohnung monatlich auf 200 Mk. zu stehen kommt und der auch nicht mehr an Fahrkosten ausgibt, bedeutet diese Ausgabe nur einen Zuschlag von 5 % zu seinen Wohnkosten. In dem Umstande, daß hiernach die Kosten der Wohn-

---

[1] Der oben erwähnte Erlaß des preuß. Ministers der öffentl. Arbeiten vom 26. III. 17 fordert bei Kleinsiedelungen in den Außengebieten der Städte Kanalisation insbesondere dann nicht, wenn für die landwirtschaftliche Verwertung der Abfallstoffe die genügende Landfläche vorhanden ist oder die Kosten der ersten Anlage unverhältnismäßig hoch sein würden.

fahrten einen so ungleichen Bestandteil der gesamten Behausungskosten bilden, liegt denn auch wohl in erster Linie die Erklärung dafür, daß es bisher nirgends gelungen ist, auch den Minderbemittelten, die im Großstadtinnern ihrem Erwerb nachgehen, zu Wohnungen mit Gartenland zu verhelfen. Die für den kleinen Mann ganz besonders empfindliche Belastung mit Fahrgeld wird doppelt drückend angesichts der Tatsache, daß nach dem bekannten Schwabe'schen Gesetz ohnehin schon der Aufwand für die Wohnung einen um so größeren Teil des Einkommens verzehrt, je niedriger das Einkommen selbst ist.

Um nun dieses Mißverhältnis tunlichst auszugleichen, wird ein Radikalmittel vorgeschlagen: Die Fahrkosten sollen gemeinsame Last der Gesamtheit aller Bewohner der Siedelungskolonie werden. Der Fahrpreis für eine tägliche Hin- und Rückfahrt des Haushaltungsvorstandes soll auf 25 Jahre kapitalisiert und der Kapitalbetrag auf das Gelände verteilt und als Zuschlag zum Bodenpreis bezahlt werden. Dafür bekommt der Wohnungsinhaber ein jährliches Bezugsrecht auf freie Eisenbahnfahrt. Dieses Bezugsrecht ist aber für den Begüterten, der sich 2000 qm Landes erwerben konnte, nicht größer als für den kleinen Mann, dessen Landbesitz sich auf 200 qm beschränkt. Der Zuschlag soll, wie schon oben erwähnt wurde, nicht nur auf solche Grundstücke gelegt werden, deren Besitzer täglich zur Stadt fahren, sondern auch auf solche, deren Inhaber ihren Beruf oder ihr Gewerbe in der Kolonie selbst ausüben oder aus anderen Gründen ein Fahrtbezugsrecht nicht in Anspruch nehmen. Auch sie haben einen Vorteil vom Bestehen der Bahn, der sich auch im Verkaufswert ihres Grund und Bodens ausdrückt und der sicher höher veranschlagt werden muß als der ihnen nach dem Entwurfsbeispiel auferlegte Zuschlag von nur 1.60 Mk. für das Quadratmeter. Der Fahrpreis von 20 Pfg. würde bei Annahme einer täglichen Hin- und Rückfahrt auf 25 Jahre kapitalisiert 2000 Mk., demnach, auf die Durchschnittsfläche einer Wohnung ausgeschlagen, 5 Mk. für das Quadratmeter betragen; er ermäßigt sich jedoch durch die Heranziehung auch des nicht fahrtberechtigten Grundbesitzes auf 3.60 Mk. für den Besitzer eines Fahrtbezugsrechtes. Die 200 qm-Wohnung zahlt überhaupt nur etwa ein Drittel der Fahrkosten, die sie an sich treffen würde. Nach 25 Jahren soll jede Fahrtberechtigung erlöschen, weil angenommen wird, daß bis dorthin der Wert des Grund und Bodens sich infolge der großen Einwohnerzahl der

Siedelungskolonie in dem Maße gehoben hat und sich innerhalb des Gemeinwesens selbst soviel Erwerbsmöglichkeiten entwickelt haben, daß Wohnungsfahrten überhaupt nicht mehr im alten Umfang notwendig sind, jedenfalls aber die Fahrtkosten im Verhältnis zum Mehrwert des Bodens keine ausschlaggebende Rolle mehr spielen. Ich fasse indessen die in der Preisschrift angenommene 25 jährige Begrenzung nicht dahin auf, daß damit eine unüberschreitbare zeitliche Grenze gesetzt werden soll, bis zu deren Erreichung das Fahrtbezugsrecht unverkürzt aufrecht erhalten bleibt, um von da an mit einem Schlag zu erlöschen, sondern man wird die Einrichtung wohl zweckmäßig so treffen, daß das Bezugsrecht nur bis zu einem früheren Zeitpunkt, beispielsweise bis zum 20. Jahre in seinem vollen Umfange bestehen bleibt, und daß von da an gewisse immer größer werdende Teile des Fahrpreises bar zugeschossen werden müssen, bis dann später, z. B. am Ende des 30. Jahres, der volle Fahrpreis bezahlt werden muß. Das allmähliche Erlöschen des Fahrtbezugsrechts und die Möglichkeit, Teile des Fahrgeldes aufzuzahlen, müssen schon deshalb offen gehalten werden, weil auch das Eisenbahnunternehmen genötigt sein kann, im Laufe der Jahrzehnte wegen des sinkenden Geldwertes seine Fahrpreise zu erhöhen.

Wohl werden bei der Regelung der Wohnfreifahrt noch manche Ausführungsfragen auftauchen, auf die man vielleicht zunächst die Antwort schuldig bleiben muß, aber man wird hier, wie sonst bei der Verwirklichung großer Probleme, vieles der praktischen Entwicklung überlassen dürfen. Der Gedanke der Wohnfreifahrt erscheint auf den ersten Blick vielleicht revolutionär, er besitzt jedoch eine tiefe innere Berechtigung, und auf ihn verzichten wäre gleichbedeutend mit der Preisgabe des Zieles, auch den Minderbemittelten Wohnungen in der freien Natur zu geben.

Man muß sich allerdings von den landläufigen Vorstellungen über die Preisbildung auf dem Grundstücksmarkt und die Aufbringung der Kosten des Verkehrs abkehren, um in den Geist dieses eigenartigen, aber wohl durchdachten Vorschlages einzudringen. Er ist in der Tat zweckmäßig und dabei doch keineswegs so „kommunistisch", wie er bei oberflächlicher Betrachtung erscheinen mag. Er geht davon aus, daß ein groß angelegtes Wohnungsunternehmen ohne die Teilnahme der minderbemittelten Klassen überhaupt nicht durchgeführt werden kann. Sie sind die Massen, die das Verkehrsunternehmen alimentieren. Mit dem Verkehrsunternehmen steht und fällt das Ganze. Der Begüterte bezahlt mit dem Jahr-preiszuschlag sein eigenes Interesse an dem Vor-handensein der Minderbemittelten in der Kolonie und an den dadurch ermöglichten guten Verkehrs-verbindungen. Die Entwicklung der letzten Jahrzehnte zeigt, wie auf allen Gebieten unseres wirtschaftlichen, gesellschaftlichen und staat-lichen Lebens die Erkenntnis sich Bahn bricht, daß der Einzelne zu wenig vermag und im Zusammenfassen einer Vielheit von Kräften zu einer höheren Einheit der Erfolg erzielt wird.

Die Tatsache, daß die Verkehrsunternehmungen Millionen von Bodenwerten geschaffen haben, ohne dadurch eine durchgreifende Ver-besserung der großstädtischen Wohnungsverhältnisse herbeigeführt zu haben, ist auch in der Literatur allenthalben anerkannt, und es ist auch die Notwendigkeit der Heranziehung des Grundbesitzes zu den Kosten des Verkehrs neuerdings immer entschiedener (so von Kem-mann, Petersen, Ertel, Schimpff u. a.) vertreten worden. In ver-schiedenen Fällen wurde diese Forderung auch schon praktisch ver-wirklicht. Es sei nur erinnert an die Garantielinien der Münchner Straßenbahn, an die Beitragsleistung der Berliner Terraingesell-schaften zu den Kosten der Außenlinien der Berliner Hochbahn, an die Hamburger Walddörferbahn und deren Abzweigung nach Langen-horn, zugunsten deren bei dem Verkauf von baureifem Gelände in dem von der Bahn erschlossenen Gebiete eine besondere Steuer von 0,50 Mk. für das Quadratmeter erhoben wird.

Vielfach wird aus der Tatsache, daß die Erschließung von Grund und Boden durch den Verkehr von der Spekulation ausgebeutet wird, die Folgerung gezogen, daß unsere Grundbesitzorganisation zu der alten Form des Gesamteigentums am Grund und Boden zurück-kehren müsse. Die Preisschrift zeigt, daß sich auch auf dem Boden unserer heutigen Rechtsordnung eine befriedigende Lösung des in den letzten Jahrzehnten immer dringender gewordenen Problems finden läßt. Solche Lösungen zu fördern, sind zweifellos gerade diejenigen Kreise berufen, die an der Aufrechterhaltung der gegen-wärtigen Rechtsorganisation ein Interesse haben.

An der Grundforderung, daß die Jahrkosten als gemeinschaftliche Last aller Wohnungsnehmer der Kolonie zu gelten haben, wird hienach festzuhalten sein. Doch drängt sich die Frage auf, ob nicht dieser gemeinwirtschaftliche Grundgedanke in noch größerem Maßstabe verwirklicht werden sollte als dies in dem Musterbeispiel angenommen ist, so zwar, daß das Fahrtbezugsrecht noch erstreckt würde auf An= schlußstrecken (Straßenbahnen, Omnibuslinien, innerstädtische Schnell= bahnen) oder wahlweise auf eine Nebenkarte für ein Familien= angehöriges oder auf eine bestimmte Anzahl von Einzelfahrkarten zur Benützung für die Familienmitglieder.

Weiträumige Bebauung und Gartennutzung.

a) Bebauungsintensität.

Überaus wichtig ist die Frage, ob eine weiträumige oder intensive Bebauung zu wählen sei. Die Preis= schrift behandelt dabei die Frage der Aufschließungskosten, d. i. der Umwandlung von Rohgelände in Baugelände von ihrer grundsätz= lichen Seite, wobei in diese Kosten, entsprechend den oben entwickelten Grundsätzen über die gemeinsame Umlegung der Verkehrskosten, auch der kapitalisierte Fahrkostenzuschlag mit einbezogen wird. Dabei wird der Nachweis geliefert, daß es gerade die große Bauinten= sität ist, die den Bodenpreis in dichtbevölkerten Wohnquartieren so unverhältnismäßig steigert; einerseits sind die Kosten der Straßen= herstellung und Kanalisation an sich um so höher, je dichter die Besiedelung ist, und anderseits müssen diese für sich schon höheren Kosten bei dichter Bauweise von einem kleineren Wohngrundstück getragen werden, während sie sich bei weiträumiger Bebauung auf eine größere Fläche verteilen, daher das einzelne Quadratmeter nur verhältnismäßig schwächer belasten. So selbstverständlich diese Tat= sache an sich ist, so kommt uns die Bebauungsintensität als vorzugs= weise preisbestimmendes Merkmal doch nicht immer klar genug zum Bewußtsein.

Dabei scheinen mir die Zahlenwerte, die in dem Musterbeispiel für die Straßenherstellung und Kanalisierung angesetzt sind, noch allzu vorsichtig geschätzt zu sein. Sie mögen als Durchschnittswerte zutreffen, sicher darf man aber in reinen Wohnstraßen mit Bewohnern von gartenwirtschaftlichen Kleinbetrieben wesentlich niedriger greifen. Wohl sind die Straßen und Kanäle in weiträumigen Siedelungen länger, aber die Anforderungen sind geringer. Es sind je nach der Intensität der Besiedelung und den mehr oder minder weitgehenden Ansprüchen der dort wohnenden Bevölkerungsklassen bei der Straßen= herstellung Abstufungen möglich von der gepflasterten Straße zur

Straße mit Kleinsteinpflaster und mit Makabam, dann von der Straße mit vollen Bürgersteigen und Randsteinen zur Straße ohne Randsteine an den Bürgersteigen aber mit Pflasterrinnen und schließlich zur Straße ohne Bürgersteig, dann bei der Kanalisation in der nämlichen Kolonie Abstufungen von dem vollen Schwemmsystem (mit Abführung der Siel= und Niederschlagswasser) zum Trennsystem (mit Abführung nur der Sielwasser); bei noch weiträumigerer Bauweise genügt eine diskrete örtliche Klärung mit Untergrundberieselung und in noch mehr ländlichen Wohnbezirken wird man sich auf das einfache Grubensystem mit Fäkalienabfuhr beschränken, ja an den Grenzen der Wohnungskolonie, insbesondere in Anwesen mit mehr als 1000 qm Nutzland für die Wohnung sogar das Grubensystem ohne Fäkalienabfuhr, mit voller landwirtschaftlicher Verwertung der von der Familie ausgeschiedenen Abfallstoffe, als ausreichend anerkennen können[1]). Je nachdem können die Zuschläge für die Aufschließung des Geländes außerordentlich weit herabgehen. In Gartenstädten kommen beim Vorhandensein von Vorgärten Straßenbreiten bis herab zu 5 m, Straßenherstellungskosten bis herab zu 60 Mk. und Kanalisierungskosten ebenfalls bis herab zu 60 Mk. für die Wohnung vor. Das Problem wird nicht darin bestehen, theoretisch möglichst hochstehende und darum unvermeidlich kostspielige, sondern praktisch möglichst einfache und billige Einrichtungen zu schaffen, die dabei aber doch den hygienischen Anforderungen noch genügen. Wird hieran festgehalten, dann muß es möglich sein, in der Siedelungskolonie für das Gelände, das für die Minderbemittelten in Frage kommt, die Aufschließung technisch so zu gestalten, daß deren Gesamtkosten immer auf annähernd dem gleichen Betrag bleiben, mag nun dem einzelnen ein größeres oder kleineres Stück Land zur Nutzung überlassen werden. Es würde hiernach bei weiträumiger Besiedelung im wesentlichen nur der für die Mehrfläche nach dem Einheitspreis des Rohgeländes sich ergebende Mehrbetrag aufzuwenden sein.

Es ist eine weitverbreitete Meinung, daß die Weiträumigkeit nicht ohne wesentliche Mehrbelastung des Anwesensbesitzers erreichbar

---

[1]) Erst ein Grundstück von etwa 1200 qm vermag einen Kreislauf herzustellen, in welchem dasjenige wieder in Pflanzenprodukte umgesetzt wird, was eine Familie durchschnittlich ausscheidet.

ift. Die praktiſche Folge einer ſolchen Mehrbelaſtung wäre tatſächlich, daß der minderbemittelte Bewohner auf ein tunlichſt kleines Stück Land beſchränkt bleiben müßte. Wird aber die Aufſchließung techniſch und wirtſchaftlich ſo durchgeführt, wie dies im vorſtehenden gefordert iſt, alſo mit der weiteſtgehenden Bedachtnahme auf die wirklichen, individuell ſich abſtufenden Bedürfniſſe, dann ſpielt in den landwirt= ſchaftlichen Teilen der Kolonie die größere Weiträumigkeit der Be= bauung für die Aufſchließungskoſten keine maßgebende Rolle mehr, der Minderbemittelte, der ein größeres Grundſtück bewirtſchaften will, bezahlt für die Mehrfläche nur den Einheitspreis des Rohgeländes, es ſind ihm alſo die Vorteile der Weiträumigkeit n i c h t verſchloſſen, und das Unternehmen braucht ſich in Bezug auf die Weiträumigkeit keine engen Grenzen zu ſtecken. Iſt es dem Unternehmen vollends gelungen, das Rohgelände nahe an den Preisgrenzen für landwirt= ſchaftliche Grundſtücke zu erwerben, dann bekommt der Nutznießer zu ſolchen Preiſen rings um ſeine Wohnung hochwertiges Gartenland, dem er das Vielfache, vielleicht das Zehnfache deſſen abzugewinnen vermag, was auf einem gleich großen Stück Acker= oder Wieſenland geerntet werden könnte.

b) Land= und gartenwirtſchaftliche Nutzung.

Der Bruttoertrag eines Nutzgartens wird je nach den Verhältniſſen zwiſchen 0,30 und 1,00 Mk. für das Quadratmeter angegeben. Bei den Erwerbsklaſſen, die hier hauptſächlich in Frage kommen, erwachſen für die Bewirtſchaftung faſt keine Auslagen, da keine fremde Hilfe in Anſpruch genommen wird, ſondern die Arbeiten durch die Familienangehörigen geleiſtet werden. Für Düngemittel, Sämereien, Waſſerverbrauch und Geräte mag ein Abſchlag von 20% zu machen ſein; wo der Dung in der Eigenwirtſchaft anfällt und die Sämereien ſelbſt gezogen werden, wird dieſer Abſchlag noch beträchtlich herabſinken, ſodaß der Nettoertrag ſich bis auf weniges mit dem Bruttoertrag deckt. In München wird von der Stadt= gemeinde für Mietgärten ein Quadratmeterpreis von 20 Pfg. und einſchließlich der Gebühren für die Unratabfuhr ein ſolcher von 23 Pfg. erhoben, was mit 4½% kapitaliſiert einem Bodenwert von 5 Mk. entſpräche. Da ſich die Nutznießer ſolcher Mietgärten einen den Pacht= zins überſchreitenden Ertrag erwarten und auch tatſächlich erzielen, obwohl ſie meiſt noch mit beſonderen Auslagen für die Zurücklegung des Weges von und zum Pachtgrundstück rechnen müssen, leuchtet ohne weiteres ein, daß die Bodenrente eines Nußgartens in einer Wohnungskolonie die rein landwirtschaftliche Bodenrente — vor dem Kriege etwa 3—4 Pfg. für das Quadratmeter — weit übersteigen muß[1]). Für die Einzelwirtschaft des Minderbemittelten bedeutet der Gartenertrag eine nicht unwesentliche Ermäßigung des Wohnungsaufwandes, für die Allgemeinwirtschaft eine namhafte Steigerung des Gebrauchswertes ausgedehnter Bodenflächen.

Über das Mindestmaß an Grund, das für den Eigenbedarf einer mittleren Familie notwendig ist, gibt es selbstverständlich keine allgemein gültigen Ziffern. Die Angaben bewegen sich zwischen 80 und 300 qm, wenn sich die Bewirtschaftung auf Küchenkräuter, Obst und Gemüse beschränkt. Soll auch der Kartoffelbedarf voll gedeckt werden, so darf das Doppelte und mehr angesetzt werden. Jedenfalls kann mit Zugeständnissen an die Weiträumigkeit sehr viel weiter gegangen werden, als dies in unseren Villen- und Gartenvorstädten im allgemeinen üblich ist[2]). Solche weitere Zugeständnisse müssen auch angestrebt werden. Schon der Gartenbedarf sollte nicht auf das knappste Geländeausmaß beschränkt, es sollte aber auch die Möglichkeit der Kleintierhaltung geschaffen, ja selbst die Haltung einer Milchkuh nicht ausgeschlossen werden.

Um dieses Ziel zu erreichen, müßten gewisse Bezirke, vor allem aber die äußersten Zonen der Wohnungskolonie, die den Übergang zum rein landwirtschaftlichen Grund-

---

[1]) Der Familien-Kriegsgarten-Verband München gibt den Ertrag für das Quadratmeter für 1917 auf 1 Mk. an. Nach Friedenspreisen darf ein Ertrag von mindestens 50 Pfg. angenommen werden, der noch wesentlich gesteigert werden kann, wenn der Gemüse- und Obstbau vereinigt wird.

[2]) Eine Denkschrift des Bayerischen Landesvereins zur Förderung des Wohnungswesens vom 31. Januar 1917 hält schon eine Mindestfläche von 100 qm für die Selbstversorgung der Familie mit Gemüse und Kartoffeln und von 150 qm bei Kleintierhaltung für ausreichend. Das sächsische Ansiedlungsgesetz für Kriegsteilnehmer sieht für „Wirtschaftsheimstätten" ⅓ ha, für „Wohnheimstätten" in der Regel 8 a Nutzland vor. Bei einer durchschnittlichen Bebauungsdichtigkeit, wie sie die Preisschrift annimmt, von 1 Wohnung auf 400 qm blieben für den Garten über 300 qm, für die angenommenen kleinsten Wohnungen mit 200 qm Grund blieben immer noch 150 qm. Unsere Villenvorstädte bieten vielfach nur kleine Ziergärten und selbst die Gartenstädte für Minderbemittelte in der Regel nicht über 80—150 qm Garten. Je weiträumiger man baut, desto weniger wird auch die für den Obst- und Gemüsebau so unentbehrliche reichliche Sonnenbestrahlung behindert.

beſitz bilden, vorzugsweiſe der Beſiedelung mit land= und gartenwirtſchaftlichen Kleinbetrieben vorbehalten werden, wie dies zurzeit ſchon in einigen engliſchen Gartenvorſtädten geſchieht. Aus dem Kleinhaus mit eigenem Nutzgarten wird damit die Wirt= ſchaftsheimſtätte, die durch ihre landwirtſchaftlichen und Garten= erträgniſſe, gegebenenfalls in Verbindung mit Kleintierhaltung, Ge= flügel= oder Bienenzucht, den Bewohner völlig ernährt.

Es könnte auch daran gedacht werden, gewiſſe Teile des Grundbeſitzes in der Wohnungskolonie nur vorübergehend als landwirtſchaftliche Kleingüter in Pacht zu geben, um ſie erſt ſpäter mit dem Voranſchreiten der Beſiedelung in kleinere Wohnungsanweſen aufzuteilen.

c) Wirtſchaftliche Vorzüge der Weiträumigkeit.

Die wirtſchaftliche Bedeutung einer möglichſt weiträumig angelegten Wohnungskolonie kann nicht hoch genug gewertet werden. Intenſivſte Gartenwirtſchaft tritt an die Stelle feld= oder forſtwirt= ſchaftlicher Bodennutzung. Da in der Wohnungskolonie neben den gartenwirtſchaftlichen Kleinbetrieben auch begüterte Großſtadtbewohner in großer Zahl angeſiedelt ſind, iſt den Erzeugern für den Überſchuß ihrer land= und gartenwirtſchaftlichen Produktion ein raſcher und un= mittelbarer Abſatz an den Verbraucher geſichert, der wiederum zu günſtigen Preiſen und in unverminderter Güte das Produkt erhält. Der verzögernde und verteuernde Zwiſchenhandel läßt ſich ausſchalten. Auch in der nahen Großſtadt würden die gartenwirtſchaftlichen Klein= betriebe der Wohnungskolonie ihre Erzeugniſſe mit Vorteil verwerten können. Auch genoſſenſchaftlicher Abſatz der Überſchußprodukte unter Errichtung einer Vielzahl von kleinen Märkten und Einzelverkaufs= ſtellen ließe ſich organiſieren. Der Krieg hat uns wieder lebhaft vor Augen geführt, wie ſehr wir bisher auf dem Gebiete der Obſt= und Gemüſeverſorgung von dem Auslande abhängig waren und wie wünſchenswert die möglichſte Beſeitigung dieſer Abhängigkeit wäre. Die Schaffung gartenwirtſchaftlicher Kleinbetriebe in den ſtädtiſchen Außenwohnbezirken iſt zweifellos geeignet, uns dieſem Ziele näher zu bringen. Bei der Sorgfalt und dem Verſtändnis, womit in dieſen Kleinbetrieben gewirtſchaftet zu werden pflegt, darf auch mit der Gewinnung der feineren und veredelten Obſt= und Gemüſeſorten gerechnet werden.

d) Soziale und politische Vorteile.

Nicht minder wie die allgemein wirtschaftliche Seite tritt auch die sozialpolitische Wichtigkeit hervor. Für den einzelnen Wohnungsnehmer bedeutet die Gartennutzung eine wesentliche Herabdrückung der Kosten seiner Wohnung. Wie ungünstig die Verhältnisse in gewissen Großstadtbezirken sich entwickelt haben, wie zerstörend sie auf das Familienleben, auf die Gesundheit und die sittlichen Verhältnisse, namentlich auch der heranwachsenden Jugend, einwirken, ist eine allgemein bekannte Tatsache. Während hier das Familienhaupt nur zu sehr geneigt ist die ungastliche Wohnung zu fliehen und die arbeitsfreie Zeit außerhalb der Wohnung zuzubringen, ist es dem Bewohner des Gartenkleinhauses ein erquicklicher Gedanke, nach getaner Arbeit sein Heim aufzusuchen, wo er sich in seinen freien Stunden in seiner Wirtschaft zu schaffen macht, ohne diese Betätigung als Last zu empfinden [1]). Auch die Sonntage verbringt er im Kreise seiner Familie in einer ihn erfreuenden Umgebung und spart, ohne sich dabei eine Entbehrung aufzuerlegen, die Kosten des Sonntagsausfluges, dessen der Bewohner der Innenstadt zu seiner und seiner Familie Erholung bedarf [2]), und während die Proletarierkinder der Großstadt in der schulfreien Zeit auf die engen Höfe und die Straße angewiesen sind und in den überfüllten und schlecht gelüfteten Wohnungen und Teilwohnungen körperlich und sittlich verkümmern, ergibt sich für die Kinder unserer Gartenstadtbewohner ein viel erfreulicheres Bild. Die Gartenarbeit ist für sie ein Förderungsmittel für ihre körperliche Ertüchtigung, sie bleiben fortwährend unter der Aufsicht der Eltern und sind bewahrt vor den Gefahren der Straße. Es wächst ein gesundes, wehrhaftes und sittlich gefestigtes Geschlecht heran.

---

[1]) Das badische Gewerbeaufsichtsamt stellt in seinem Jahresbericht für 1913 auf Grund von statistischen Erhebungen fest, daß die Landwirtschaft treibenden Arbeiter auch in der Fabrik die Arbeitszeit besser ausnützen und auch höhere Stundendienste erzielen als ihre besitzlosen Kameraden.

[2]) Dieser Umstand wäre auch für die Eisenbahnverwaltungen nicht ohne Bedeutung. Heute müssen sie in den deutschen Großstädten große Mengen von Wagen und teuere Bahnhofanlagen vorhalten, die nur an wenigen Feiertagen der guten Jahreszeit voll ausgenützt sind und an der Rente zehren. In den englischen Großstädten mit ihrem ausgedehnten Wohnverkehr beobachten wir dagegen, daß der Sonntagsverkehr um ein Vielfaches hinter dem werktägigen Durchschnittsverkehr zurückbleibt, oft geradezu verschwindet.

Auch die Wichtigkeit der Frage für das Bevölkerungs-problem darf nicht übersehen werden. Erfahrungsgemäß steht die Kinderzahl der Familien in Wohnungen mit Gartenwirtschaft über dem Durchschnitt. Das Aufziehen der Kinder ist für die Eltern nicht die schwere Last wie im Innern der Großstadt, sie helfen, ganz wie auf dem Land, schon in früher Jugend den Eltern mit zu verdienen und werden dadurch überdies in ihrer körperlichen und sittlichen Entwicklung gefördert.

Daß es auch in staatspolitischer Hinsicht nicht ohne Bedeutung ist, wenn auf dem vorgeschlagenen Weg für die breiten Schichten der Minderbemittelten befriedigende Wohnungsverhältnisse mit Landbesitz geschaffen werden, bedarf keiner weiteren Ausführung.

Es wird schließlich nicht unbeachtet bleiben dürfen, daß auch für die Ansiedelung unserer vom Felde heimkehrenden und vor allem für die invalide gewordenen Krieger sich in unserer Wohnungskolonie vielfach bessere Möglichkeiten ergeben werden, als in anderen Erwerbs-zweigen[1]).

e) Das Siedelungsproblem.

Die großstädtische Siedelungspolitik legt mit Recht Gewicht darauf, daß der modernen Großstadt sowohl in ihrem inneren als in den sie umgebenden Ringen Flächen von Freiland zur Verfügung stehen, die man als die Lungen der Großstadt zu bezeichnen pflegt. Die Bereitstellung und Unterhaltung solcher Flächen, mögen sie nun als Plätze oder Parkanlagen gedacht sein, ist mit sehr erheblichen Kosten verknüpft. Zweifellos wird der Zweck, dem sie dienen, durch die Anlage von Gartenstädten in weit wirtschaftlicherer Weise erreicht. Dieser Gesichtspunkt beansprucht besondere Beachtung, wenn man sich vor Augen hält, daß die nächsten Jahrzehnte für das deutsche Volk unter dem Zeichen der größten Sparsamkeit stehen werden.

Wie sich aus all dem Gesagten ergibt, liegt in der möglichsten Weiträumigkeit der Kernpunkt des Problems. Je vollkommener es gelingt, diesem Erfordernis zu entsprechen, ohne daß dabei die Aufschließungs- und Verkehrskosten unverhältnismäßig vergrößert werden,

---

[1]) Auch die oben erwähnte Denkschrift des bayerischen Landesvereins zur Förderung des Wohnungswesens sucht die Lösung der Kriegerheimstättenfrage vor allem auf dem Wege der „Gartenstädte".

beſto höher bürſen bie wirtſchaftlichen unb ſozialen Vorteile eingeſchätzt werden.

Die Baufrage.

a) Einfamilienhaus unb Mehrfamilienhaus.

Im Kapitel „Reine Baukoſten" nimmt bie Preisſchrift zu ber Frage Stellung, ob bie Wohnung unterzubringen ſei im Einfamilien= haus ober im Mehrfamilienhaus, ob letzteres mit wenig ober viel Geſchoſſen zu bauen iſt, ferner ob offene ober geſchloſſene Bauweiſe vorzuziehen ſei. Man wirb ben Schlußfolgerungen, zu benen bie Preisſchrift gelangt[1]), beiſtimmen können; ſie ſind folgenbe:

1. Die Wohnung im zweigeſchoſſigen Haus iſt um etwa 15 % teurer, als bie Wohnung im breigeſchoſſigen Haus, letztere wieder um etwa 5 % teurer, als bie Wohnung im viergeſchoſſigen Haus. Es erſcheint beshalb als günſtigſter Haustyp bas breigeſchoſſige Haus (mit Erbgeſchoß unb zwei Obergeſchoſſen), ba es ſich ben merklichen Gewinn von 15 % zunutze macht, aber auf ben Gewinn von 5 % verzichtet, weil bieſer mit ben vermehrten ſozialen unb hygieniſchen Nachteilen ber Stockwerts= unb Wohnungshäufung zu teuer erkauft wäre.

2. Die Wohnung im zweigeſchoſſigen Einfamilienhaus iſt ebenſo teuer, als bie Wohnung im zweigeſchoſſigen Mehr= familienhaus, alſo 15 % teurer, als in bem empfohlenen breigeſchoſſigen Mehrfamilienhaus (bei 4 Räumen mit 60 qm Nutzfläche 5500 Mk. gegen 4800 Mk.). Dieſer Preis= unterſchieb iſt aber nicht ſo bebeutenb, baß nicht auch bas Einfamilienhaus praktiſch in Betracht kommen könnte. Dies wirb umſoweniger bort ber Fall ſein, wo ber Eigentümer bie Unterhaltungsarbeiten ſelbſt beſorgt, was bann ben Unterſchieb in ben Wohnkoſten von monatlich 3—4 Mk. zum Ausgleich bringen bürfte.

3. Beim Mehrfamilienhaus mehr als je zwei Wohnungen in einem Geſchoß an bas Treppenhaus anzuſchließen, iſt ſchon aus hygieniſchen Grünben (Querlüftung) zu wiber= raten, ausgenommen beim Eckhaus, wo brei Wohnungen möglich ſind.

---

[1]) Zu vorſtehenben Ausführungen iſt noch herangezogen bie Schrift von Dr. Gerini, Die bauliche Bobenausnützung, München 1914.

4. In den Wohnvierteln der Minderbemittelten kommt die offene
Bauweise nicht wohl in Betracht. Es müßten deshalb
sowohl Einfamilienhaus als auch Mehrfamilienhaus in Reihen=
anordnung gebaut werden.

b) Zwei= oder dreiräumige Wohnungen.

Im allgemeinen freilich wird man sich — und dies wird die
praktische Durchführung wahrscheinlich erweisen — von dem idealen
Gedanken trennen müssen, daß unter allen Umständen das Einfamilien=
haus anzustreben sei. Wenn auch mit der steigenden Kultur das
Bedürfnis nach Verbesserung der Lebenshaltung in allen Volksschichten
wächst, so wird doch bei den hier in Betracht kommenden Bevölkerungs=
schichten der Sinn, gerade an den Wohnungskosten zu sparen, sich
noch länger forterhalten, und darum wird sich das Einfamilienhaus,
das ohnehin die Unbequemlichkeit der Trennung der Wohnräume in
mehrere Stockwerke mit sich bringt, wohl nur langsam durchsetzen,
ja es wird vorderhand auch noch mit der Neigung zu rechnen sein,
sich mit noch weniger als vier Räumen zu begnügen. Wenn
man auch solche Bestrebungen nicht gerade fördern sollte, so wird
man doch praktisch nicht daran vorübergehen können. Nicht ohne
Interesse und wohl auch außerhalb Badens vielfach zutreffend ist,
was hierüber der badische Landeswohnungsinspektor in seinem bereits
erwähnten Berichte feststellt. Darnach ist in der badischen Fabrik=
bevölkerung die Wohnung mit zwei Zimmern und Küche der
vorherrschende Wohnungstyp. Dreizimmerwohnungen sind selten,
dagegen kommen sogar Wohnungen mit einem Zimmer und Küche
noch in Betracht. In letzterem Falle ist wohl an die in Süddeutschland
weit verbreitete und beliebte Wohnküche zu denken, die zweifellos für
den kleinen Wohnungsnehmer eine Reihe von Vorteilen bietet und
bei richtiger Einteilung mit abgesonderter Wohnecke auch hygienisch
annehmbar sein dürfte. Jedenfalls liegt das Wesentliche der Aufgabe
darin, jenen Wohnungstyp zu ermitteln, der bei Erfüllung der vom
hygienischen Standpunkt zu stellenden Mindestforderungen die geringste
Baukostensumme beansprucht. Und so wird sich auch der Hygieniker
und Sozialpolitiker damit abfinden können, daß gegebenenfalls auch
Wohnungen mit drei, sogar mit zwei Räumen vorgesehen werden, zumal
ja die unter allen Umständen festzuhaltende Zuteilung von Gartenland
über das an sich Unzulängliche einer solchen Wohnung hinwegsehen

läßt. Man wird eben das große Ziel nicht aus dem Auge verlieren dürfen, möglichst vielen Kleinwirtschaften zur Entstehung zu verhelfen; können die Wohnkosten bei der Drei= oder Zweizimmerwohnung um 5 oder 8 Mk. im Monat ermäßigt werden, so bietet dies für die minderbemittelten Klassen von selbst einen verstärkten Anreiz zur Ansiedelung in einer solchen Wohnungskolonie.

c) Baupolizei.

Was die großstädtischen Baupolizeiverordnungen anlangt, so nimmt die Preisschrift an, daß in der Wohnstadt die offene Bauweise (sog. Pavillonsystem) nur für die Villenviertel der Begüterten in Betracht kommen können, während im übrigen die baupolizeilichen Beschränkungen zwar nicht ganz zu entbehren aber auf das Mindestmaß zu beschränken seien, dem Architekten also ein möglichst weiter Spielraum gewahrt bleiben soll. Man wird diesen Standpunkt vorbehaltlos teilen können. Unsere jetzigen Bauordnungen erscheinen in mancher Beziehung reform=bedürftig. Sie stammen aus einer Zeit, wo man auf ein Minimum der polizeilichen Bevormundung sich beschränken zu müssen glaubte. Indem sich aber dann Anforderungen hygienischer, sozialer und wirt=schaftlicher Art mehr und mehr geltend machten, hat sich an Stelle der ursprünglich einfachen Normen ein ganz verwickeltes System von Bauvorschriften herausgebildet, die sich dann doch nicht in jedem einzelnen Falle als ausreichend oder praktisch durchführbar erwiesen haben. Und so die Erscheinung, daß die geschriebenen Normen durch zahlreiche Dispense wieder aufgehoben oder gemildert werden müssen, um den wirklichen Bedürfnissen Rechnung zu tragen und einer entsprechenden Entwicklung des großstädtischen Wohnungsbaues die Wege zu öffnen.

Um zwischen dem geschriebenen Recht und den Anforderungen des praktischen Lebens zu vermitteln, hat man neuerdings in manchen Städten Bauberatungsstellen eingerichtet. Auch sie werden nur nützlich wirken können, wenn die baupolizeilichen Normen selbst nicht allzu engherzig schematisieren, sondern dem Architekten einen gewissen Spielraum offen lassen.

In der gartenstadtmäßigen Wohnungskolonie würde sich für eine Bauberatungsstelle sicher ein überaus fruchtbares Feld der Tätigkeit darbieten.

d) Großbaubetrieb.

In weitem Umfang wird man sich in unserer Wohnungskolonie die Vorteile des Großbaubetriebes zunutze machen können. Es gilt dies besonders von der Materialbeschaffung, der Anwendung maschineller Einrichtungen, der Verwertung elektrischer Kraft und schließlich auch der Normalisierung und fabrikmäßigen Herstellung gewisser Haustypen und Bauteile (Fensterrahmen, Türen, Treppen ꝛc.). Einen besonderen Vorteil wird die Möglichkeit bieten, das Eisenbahngleis bis ganz nahe an die einzelnen Baustellen zu führen.

Die Organisations-, Besitz- und Geldbeschaffungsfrage.

a) Gruppierung der Unternehmungen.

Die Preisschrift geht davon aus, daß die Durchführung eines so ausgedehnten Projekts eine Reihe von selbständigen Unternehmungen erfordern:

das Grunderwerb- und Grundverwertungsunternehmen,

das Verkehrsunternehmen,

die Wohnbauunternehmungen und

die Hausbesitzer.

Wie schon erwähnt wurde, muß zwischen den einzelnen Gruppen dieser Unternehmungen eine gegenseitige Abhängigkeit bestehen, um die spekulative Verzögerung der Bebauung auszuschließen und ein förderliches Zusammenarbeiten zu sichern. Bei den einzelnen Unternehmungen, vornehmlich aber beim Terrain- und Verkehrsunternehmen ist vielleicht an die, in der Preisschrift allerdings nicht erwähnte, Form des gemischtwirtschaftlichen Unternehmens zu denken, an dem alle einzelnen Interessentengruppen, vor allem auch Staat, Gemeinde, städtebauliche Zweckverbände und die neu geschaffenen Landessiedelungsgesellschaften sich zu beteiligen hätten.

b) Gartenstadtbewegung und Erbbaurecht.

Seit Jahrzehnten hat, ausgehend von England, eine Strömung, die „Gartenstadtbewegung" eingesetzt, die gleichfalls die Schaffung billiger Außenwohnungen mit Garten für die minderbemittelten Klassen erstrebt und in England, aber auch in Deutschland, sehr beachtenswerte Erfolge erzielt hat. Sie beruht auf rein gemeinnütziger Grundlage und verfolgt vor allem den Zweck, das von ihr in Anspruch genommene Gelände dauernd der spekulativen Ausnutzung zu entziehen. Sie will die Vorteile der mit der zunehmenden

Besiedelung eintretenden Wertserhöhung des Grund und Bodens ausschließlich der Gesamtheit sichern. Ihr Programm besteht darin, „eine planmäßig gestaltete Siedelung auf billigem Gelände zu schaffen, das dauernd im Obereigentum der Gemeinde erhalten wird, derart, daß jede Spekulation mit dem Grund und Boden dauernd unmöglich ist. Das Siedelungsgebiet soll im Zusammenhang mit der Wohnung möglichst dem Garten= und Ackerbau dauernd gesichert werden". Diese Bestrebungen berühren sich nahe mit den Zielen der Bodenreformer. Durch die Rechtsform des Erbbaurechts oder den Vorbehalt von Wiederkaufrechten soll in der Gartenstadt die freie Verfügung über den Grund und Boden, wie sie innerhalb des Volleigentums besteht, beschränkt, mithin ein Zustand geschaffen werden, wie ihn die Bodenreformer grundsätzlich anstreben, die Trennung des Eigentums am Gebäude vom Eigentum am Grund und Boden.

Wer nur die schädlichen Auswüchse, die unser heutiges Grundeigentumsrecht ermöglicht hat, betrachtet, muß diesen Bestrebungen sympathisch gegenüberstehen. Wer aber einem praktischen Ziel nachstrebt, wird an dem Gedanken halten, daß das großstädtische Siedelungsproblem nur mit Vorschlägen, die auf der heutigen Rechtsordnung für das Grundeigentum fußen, einer umfassenden Lösung zugeführt werden kann. Ebenso wie im Rechtsbewußtsein des deutschen Bauern tief der Gedanke wurzelt, daß das Grundstück, das er selbst bearbeitet, ihm und seiner Familie als dauerndes Element der Existenz erhalten bleiben muß, so würde sicher auch der großen Masse der städtischen Bevölkerung der Erwerb von Wohnungsanwesen in einer Siedelungskolonie widerstreben, in der das Eigentum an Grund und Boden einer zeitlichen Beschränkung unterworfen wäre. Auch mit mancherlei praktischen Schwierigkeiten müßte bei a l l g e m e i n e r Einführung des E r b b a u r e c h t s in der Wohnungskolonie gerechnet werden. Insbesondere gegen das Ende der Erbbauperiode wird das bevorstehende Erlöschen des Rechts mit schweren wirtschaftlichen Hemmnissen verbunden sein. Auch hat das Rechtsinstitut des Erbbaues in seiner Entwicklung den Bedürfnissen des modernen Wirtschaftslebens, vor allem den Anforderungen des Hypothekarkredits noch nicht völlig zu folgen vermocht[1]). Es läßt sich

---

[1]) Vgl. Dr. W. Frhr. v. P e c h m a n n, Entwurf eines Reichsgesetzes betreffend das Erbbaurecht. Nebst Begründung. Schriften des Bayer. Landesvereins zur Förderung des Wohnungswesens (e. V.) Heft 12. München 1913.

deshalb die Befürchtung nicht abweisen, daß eine Wohnungskolonie der hier gedachten Art, eingezwängt in die Schranken des Erbbaurechts, sich nur unsicher und zögernd entwickeln würde; anderseits ist aber die rasche Besiedelung eines der wichtigsten Ziele, die schon im Interesse der Wirtschaftlichkeit zu erstreben sind. Man muß daher den vollen Eigentumserwerb und zwar als Grundtype zulassen, selbst auf die Gefahr einer spekulativen Ausnutzung. Denn eine Spekulation im großen Stil ist schon durch das Statut des Gesamtunternehmens ausgeschlossen, und auch der Einzelspekulant wird kaum sehr auf seine Rechnung kommen können, solange das Unternehmen in anderer Lage Grundstücke zu gleich günstigen Bedingungen abgeben kann. Immerhin wird man Vereinigungen, die das Erbbaurecht oder die Vereinbarung von Wiederkaufsrechten zur Grundlage ihrer Unternehmungen machen, sehr gern zulassen. Sie werden in der Lage sein, den Grund und Boden billiger abzugeben und dadurch wieder vielen Interessen entgegenkommen.

c) Wohnbauunternehmungen und Hausbesitz.

Wie hinsichtlich der Formen des Besitzes, so wird man auch hinsichtlich der Unternehmungen für den Wohnungsbau das freie Spiel der Kräfte walten lassen. Schon das Terrainunternehmen selbst wird sich mit dem Wohnungsbau befassen. Daneben wird vor allem der private Hausbesitz von Reich und Arm, hauptsächlich aber der kleine Hausbesitz zu begünstigen sein.

Außer Einzelpersonen werden für den Wohnungsbau alle Unternehmungen, die sich sonst damit befassen, zuzulassen sein. Man wird hiebei rein geschäftliche Unternehmungen keineswegs ausschließen dürfen. Sie haben, wie die Preisschrift mit Recht hervorhebt, in ihren Wohnungskolonien gerade in England und nicht minder in Deutschland nach Ausstattung und gesundheitlicher Fürsorge, aber auch was den Preis betrifft, Mustergültiges geschaffen. Im übrigen würden Arbeitgeber im Innern der Großstadt wie in der Kolonie selbst, dann aber auch Vereine (Sparvereine), Stiftungen, gemeinnützige Unternehmungen und vor allem Baugenossenschaften für den Bau von Kleinwohnungen in der Siedelungskolonie zu werben sein.

d) **Krediterleichterung und sonstige öffentliche Hilfe.**

Für die Förderung des Kleinwohnungsbaues gibt die moderne Entwicklung eine Reihe von Mitteln an die Hand, wie das Steuerprivileg der Kleinwohnungsbauten, die öffentliche Kredit=gewährung, die Gewährung von Zwischenkredit vor endgültiger Beleihung, die Heranziehung der Reichsversicherungsanstalten und aller derjenigen Geldquellen, die aus den Spargroschen des kleinen Mannes gespeist werden, die Schaffung von Kreditanstalten für erste, zweite und dritte Hypotheken, die Bürgschaftserklärung der Gemeinde für nachstellige Hypotheken, den Erwerb von Schuldverschreibungen der Bauunternehmungen durch die Gemeinde, gegebenenfalls auch die Herstellung der Wohn= und Verkehrsstraßen auf Kosten der Gemeinde und die Gewährung von gemeindlichen Kapitalzuschüssen oder Miet=beiträgen, dann die Heranziehung von Lebensversicherungsgesell=schaften als Darlehensgebern, die den schuldenfreien Heimfall des An=wesens an den Besitzer bei Erreichung eines bestimmten Lebensalters oder an seine Erben sicherstellen[1]), die Erleichterungen, die für die Gründung von Kriegerheimstätten durch das Kapitalabfindungsgesetz gewährt werden, im übrigen die Inanspruchnahme der bankmäßigen Selbsthilfeorganisationen der Grund= und Hausbesitzer (Pfandbrief=institute derselben), Stadtschaften usw. Es sollte wohl möglich sein, bei der Finanzierung der Wohnungsbauten auch die Belastungen durch Provisionen und Schätzungsgebühren zu vermeiden, die sonst die Darlehensaufnahme in oft recht empfindlicher Weise verteuern.

e) **Beteiligung von Staat und Gemeinde am Wohnungsbau.**

Auch **Staat und Gemeinde** würden sich — mindestens für ihre eigenen Beamten und Arbeiter — am Wohnungsbau in einer derartigen Kolonie beteiligen können. Offen kann hiebei die Frage bleiben, ob nach dem Muster des Londoner Grafschaftsrates und zahlreicher englischer, dann aber auch deutscher Städte, wie Ulm, Freiburg i. B., Straßburg u. a., die Gemeinde selbst sich dem Kleinwohnungsbau für die Allgemeinheit widmen soll. Auf einige grundsätzliche Be=denken weist auch die Preisschrift hin. Auch andere Zweifel bieten sich

---

[1]) Dr. Schmittmann, Reichswohnversicherung 1917 schlägt eine Wohnversiche=rung mit Kinderrenten vor, durch deren Kapitalisierung die Beschaffung der zweiten Hypothek für Eigenhaus und Siedelung erleichtert werden würde.

an, so namentlich in der Richtung der Wirtschaftlichkeit der Verwaltung. Wie die Entwicklung in Ulm zeigt, könnte es allerdings scheinen, als ob diese Bedenken bei dem Vorhandensein einer besonders tüchtigen Gemeindeleitung, der die Bürgerschaft ihr Gefolge nicht versagt, sich überwinden ließen. Allein ob sie sich dort, wo die persönlichen und sonstigen Voraussetzungen fehlen, nicht doch behaupten würden, bleibt fraglich.

Der richtige Standpunkt wird wohl der sein, daß das Eingreifen der Gemeinde auf Fälle des Versagens der privaten Bautätigkeit beschränkt bleiben sollte. In der Literatur wird der gemeindliche Wohnungsbau am meisten noch für die wirtschaftlich schwächsten Volksschichten empfohlen, da hier die Selbsthilfe, und zwar insbesondere auch die Selbsthilfe durch Gründung von Baugenossenschaften, in der Regel versagt.

Jedenfalls wird man nicht zu zweifeln brauchen, daß, wenn es gelingt, alle in Betracht kommenden Kreise zu interessieren, alle tauglichen Kräfte zusammenzufassen und die einzelnen Unternehmungen und ihr Zusammengreifen zu organisieren, in unseren wirklichen und werdenden Millionenstädten die Bebauung einer Wohnungskolonie, in der hier geschilderten Anlage und Durchführung sich rasch vollziehen würde.

Industrielle Betriebe und andere Anlagen. Eingemeindung.

Die Wohnungskolonie steht ihrem ganzen Zweck nach im engsten Abhängigkeitsverhältnis von dem Großstadtzentrum. Dem steht indessen nicht entgegen, daß in der Wohnungskolonie auch g r ö ß e r e u n d k l e i n e r e i n d u s t r i e l l e U n t e r n e h m u n g e n bis herab zum F a b r i k h o f angesiedelt werden, ebenso wie es eine ganz selbstverständliche Folge der Entwicklung eines solchen Unternehmens ist, daß darin die verschiedenen Handwerke vertreten sind. Eine geschickt geleitete Industrialisierungspolitik wird allerdings vor allem darnach streben, g e w i s s e G e w e r b z w e i g e , z. B. Schreinereien, Holzbearbeitungsbetriebe, Schuhfabriken, Betriebe für die Herstellung von Leder= und Portefeuilleartikeln, insbesondere auch gewisse Zweige des Kunstgewerbes, heranzuziehen, da die Erfahrung zeigt, daß die Bedingungen des Erfolges dort am günstigsten sind, wo vielerlei gleichartige Betriebe nebeneinander und im Wettbewerb miteinander sich entwickeln. Hier wird auch die Heimarbeit einen gewissen Boden finden können, ohne daß man die schädlichen Auswüchse zu befürchten braucht, die oft mit ihr einhergehen. Fabrikhöfe und Industrieanlagen werden in der Kolonie namentlich durch die Aussicht, Gleisanschlüsse, Elektrizität, Gas und Dampf billig zu bekommen, angezogen werden. Das Bodenunternehmen könnte auch selbst Fabrikhöfe bauen oder kapitalisieren. Die industrielle Entwicklung Berlins beruht zu einem großen Teil auf dem System der Fabrikhöfe.

Es ist selbstverständlich, daß namentlich in der ersten Zeit das vorerst noch freie Gelände auf jede nur mögliche Art ausgenutzt wird. Obenan steht, wie schon erwähnt, die Nutzung für landwirtschaftliche Zwecke. Soweit aber diese nicht in Betracht kommt, wird es sich von selbst ergeben, freie Flächen an Vergnügungs=, Sportvereinigungen und Ausstellungsveranstaltungen, ja selbst für Volksfeste zu überlassen. Auch auf solche Art kräftigt man das Gesamtunternehmen in einer Zeit, in der es noch auf schwachen Füßen steht, und trägt damit letzten Endes zur Verbilligung der Wohnungen bei.

Die Preisschrift nimmt an, daß die Bildung selbständiger Gemeinden meist nicht in Frage kommt. Dem ist jedoch entgegenzuhalten, daß für eine Siedelungskolonie, wie sie hier gedacht ist, von einem gewissen Punkt der Entwicklung an von selbst die Notwendigkeit eigener Gemeindebildung hervortreten wird.

Der Verkehr.
a) Unternehmerschaft.

Wie oben bei der Behandlung der Organisation der Grund= und Bauunternehmungen, so ist auch für das Verkehrsunternehmen die Frage zu beantworten: Soll dasselbe vom Staat, von der Gemeinde oder von Privaten betrieben werden?[1] Es ist zwar in Zweifel gezogen worden, ob derartige Unternehmungen lokalen Charakters noch in den Aufgabenbereich des Staates fallen. Man wird jedoch auf keinen Fall staatliches Eingreifen grundsätzlich ausschließen dürfen. Denn es handelt sich um eine Angelegenheit, die die öffentlichen Interessen in weitem Maße berührt und anderseits ist ja der Aufgabenkreis des Staates nicht fest geschlossen und eng begrenzt. Tatsächlich sind auch Stadt= und Vorortbahnen in

---

[1] Vgl. hiezu die sehr gründlichen Untersuchungen Schimpff's, Wirtschaftliche Betrachtungen über Stadt= und Vorortbahnen, S. 167 ff.

großer Zahl vom Staate gebaut und betrieben. Wird ein Bahn= unternehmen, wie es hier in Frage steht, voll Verständnis und kräftiger Initiative angefaßt und findet sich eine Volksvertretung, die weitblickend genug ist, um auch für solche Zwecke öffentliche Mittel zur Verfügung zu stellen, so ließe es sich wohl denken, daß ein derartiges Verkehrsunternehmen in den Händen des Staates am besten gefördert werden könnte. Aber auch für die p r i v a t e I n i t i a t i v e öffnet sich ein fruchtbares Feld der Betätigung. Sie unterliegt nicht den Erschwernissen und Hemmungen, mit denen öffentliche Unternehmungen zu rechnen haben. Die Verwaltung des Privatunternehmens pflegt einfacher und weniger kostspielig zu sein. Anderseits muß das Privatunternehmen aber mit höheren Geld= beschaffungskosten rechnen, was bei dem großen Kapitalbedarf erheblich ins Gewicht fällt. Dies ist auch der Grund, warum beim Betrieb von Stadtschnellbahnen reine Privatunternehmungen vielfach finanziell weniger erfolgreich waren. An sich erscheinen G e m e i n d e n o d e r ö f f e n t l i c h r e c h t l i c h e Z w e c k v e r b ä n d e in erster Linie berufen, sich diesen Aufgaben zu widmen, da es sich um öffentliche und zwar örtlich begrenzte öffentliche Interessen handelt.

Freilich macht sich neuerdings eine Strömung gegen die weit= gehende Kommunalisierung technischer Betriebe geltend. Und man wird in der Tat den Bedenken gegen einen weitgehenden Munizipal= sozialismus eine gewisse Berechtigung nicht absprechen können.

Die Stadtschnellbahnen in Newyork und Boston, die älteren Teile des Pariser Metro, die Hamburger Hochbahn, die Walddörfer= bahn in Hamburg mit ihrer Langenhorner Zweigstrecke und ein Teil der Außenlinien der neueren Berliner Schnellbahnen sind ganz oder teilweise aus g e m e i n d l i c h e n M i t t e l n e r b a u t u n d a n p r i v a t e G e s e l l s c h a f t e n v e r p a c h t e t worden. Dadurch wurden den Bahnunternehmungen die billigeren Zinssätze des gemeindlichen Kredits und den Gemeinden Anteile am Gewinn gesichert und so die Vorteile der öffentlichen und privaten Betriebsunternehmerschaft vereinigt. Anderwärts hat die Gemeinde eine Zinsgewähr für die Obligationen der Bahngesellschaft geleistet. Sie kann sich an dem Privatunternehmen auch durch Übernahme von Aktien beteiligen. In neuester Zeit wird für Zwecke der hier gedachten Art die sog. g e m i s c h t w i r t s c h a f t l i c h e U n t e r n e h m u n g empfohlen. Bei der Vielzahl der an einem Wohnungsunternehmen großen Stils be=

teiligten Interessengruppen würde wohl dieser Form der Unternehmung vor allem das Wort zu reden sein.

b) Die Rentabilitätsfrage im allgemeinen.

Bei der technischen und wirtschaftlichen Ausgestaltung des Unternehmens steht selbstverständlich unter allen Gesichtspunkten die möglichst billige Bedienung des Verkehrs obenan. Die Preisschrift berechnet in ihrem Musterbeispiel für die einfache Fahrt einen Fahrpreis von 20 Pfg., einen Satz, der bei einer durchschnittlichen Fahrtlänge von 16 km für den Fahrgast als sehr niedrig bezeichnet werden kann. Dabei berechnet die Preisschrift die Selbstkosten des Unternehmens einschließlich einer 4½%igen Verzinsung des Anlagekapitals auf etwa 15 Pfg. für den Fahrgast; der Überschuß der Einnahmen über die Ausgaben würde bei einem mit der Hälfte der gesamten Anlagekosten angenommenen Aktienkapital zur Ausschüttung einer Dividende von über 15% ausreichen[1]).

Ein solches Ergebnis muß überraschen, denn die Erfahrung in den Weltstädten zeigt, daß die Bedienung des Wohnungs-Schnellverkehrs meist kein rentables Geschäft bildet. Die Berliner Stadt= und Ringbahn, die Berliner Hoch= und Untergrundbahn, die Berliner Vorortbahnen, die Londoner Stadtbahnen werfen sämtliche keine oder nur eine sehr mäßige Rente ab, und auch der Vorortverkehr der großen Londoner Fernbahnen erfordert Zuschüsse aus dem Ertrag der Hauptnetze. Es bedarf daher einer näheren Nachprüfung, ob die Annahmen, von denen die Preisschrift ausgeht, zutreffend und die Mittel, die sie anwendet, in der Tat geeignet sind, ein so günstiges Ergebnis zu

---

[1]) Praktisch könnte eine so hohe Dividende selbstverständlich nicht in Frage kommen. Es müßte vielmehr, wenn tatsächlich ein so hoher Überschuß verbliebe, an eine Verbilligung des Verkehrs gedacht werden. Die Preisschrift hat sich den hohen Überschuß wohl auch nur als Reserve gedacht, über die sie zum Teil in der Weise verfügt, daß sie zur Deckung des Anschlußfahrpreises auf den von einem Teil der Familienväter zu benutzenden innerstädtischen Verkehrsmitteln Verwendung finden soll (S. 56). Abgesehen hievon sollen die Überschüsse späterer Jahre zum Teil auch dafür verwendet werden, um Fehlbeträge der Anfangsjahre zu decken. Allerdings können diese Fehlbeträge dadurch nahezu vollständig vermieden werden, daß der als Untergrundbahn auszuführende Teil der Schnellbahn nicht gleich von Anfang an hergestellt, die Wohnverkehrsbahn vielmehr in der ersten Zeit weiter außen mit den innerstädtischen Verkehrsmitteln in Verbindung gebracht, oder, wie unten noch zu zeigen sein wird, überhaupt als Straßenbahn in das Stadtinnere eingeführt wird.

liefern. Schon jetzt sei hier festgestellt, daß den Verfassern der Preisschrift dieser Nachweis gelungen sein dürfte. Den Zweck des ganzen
Unternehmens streng im Auge, haben sie es verstanden, ihre Schnellbahn in Anlage und Betrieb den Bedürfnissen des Wohnverkehrs auf das engste anzupassen und damit ein Unternehmen ganz eigener Art zu schaffen, das auch mit ganz eigen
gearteten Mitteln arbeitet, wie sie bei anderen Bahnen ähnlicher Art
bisher nicht angewendet wurden und zum Teil überhaupt nicht angewendet werden können. Diese Mittel erscheinen aber wohl geeignet,
die einmaligen und laufenden Kosten ganz erheblich zu verbilligen,
wie im nachstehenden noch näher gezeigt werden soll.

c) Die Bahnanlage.

Die Bahn-
anlage im
allgemeinen.
Die Wirtschaftlichkeit der meisten Stadt= und Vorortbahnen leidet
unter der Höhe des Anlagekapitals. Die Preisschrift führt mit Recht
die Wohnungsbahn nicht in das Herz der Großstadt ein, sondern
nur bis an den Rand der Geschäftsstadt heran, um sie
dort mit den innerstädtischen Verkehrsmitteln (Schnellbahn=, Straßen-
bahn= und Omnibuslinien) in möglichst enge Verbindung zu bringen.
Sie geht davon aus, daß es hiebei noch einem großen Teil der
Bewohner der Kolonie möglich sein wird, den Weg von der End-
station der Wohnungsbahn im Stadtinnern bis zur Arbeits= oder
Geschäftsstätte zu Fuß zurückzulegen[1]). Bei einer solchen Linien-
führung kann die Herstellung von teuren Untergrund= und Hochbahn-
strecken auf allzu weite Entfernungen vermieden und der größte Teil
der Wohnungsbahn im Erdbau als Damm= oder Einschnittbahn und
weiter außen sogar als gewöhnliche Flachbahn geführt werden.

Schleifen-
bahn.
Die Preisschrift geht ferner in ihrem Musterbeispiel davon aus,
daß die etwa 10 km lange zweigleisige Stammlinie an ihren beiden
Enden, also sowohl gegen die Großstadt als auch in der Wohnungskolonie selbst in eingleisige Schleifen endigt. Wie die Anlage
gedacht ist, zeigt unsere Übersichtsskizze, Abb. 1 oben Seite 4. Von
den sämtlichen 26 Bahnkilometern des Unternehmens braucht hierbei

---

[1]) Der Halbmesser der Berliner Geschäftsstadt beträgt etwa 1,6 km, es würden
daher alle diejenigen, deren Arbeitsstätte diesseits des Mittelpunktes der Geschäftsstadt liegt, bei Verzicht auf die Benutzung eines innerstädtischen Verkehrsmittels,
Fußwege von höchstens ¼ Stunde zurückzulegen haben. Für München würde man
nur wenig mehr als die Hälfte anzunehmen brauchen. Hinsichtlich der Kosten der
Anschlußverkehrsmittel s. u.

nur eine Strecke von 10 km, also der weitaus geringere Teil, zweigleisig ausgebaut zu werden, der ganze Rest ist eingleisig, ohne daß
die Leistungsfähigkeit oder Betriebssicherheit der Anlage Schaden
leidet. Die Preisschrift nimmt an, daß es möglich sein würde, eine
derartige Bahn mit einem durchschnittlichen Kostenaufwand von
1 Million Mark für das Kilometer — ohne Kraftwerk und Werk-
stätteanlagen[1]) und ohne das Fahrmaterial gerechnet — herzustellen.
Ob diese Annahme tatsächlich zutrifft, also eine großstädtische Bahnanlage von solcher Länge mit diesem Kostenaufwand herzustellen ist,
wird von den Verhältnissen abhängen. Die Möglichkeit, mit diesem
Betrag auszukommen, ist aber zweifellos vorhanden, selbst wenn zur
Heranführung der Linie an den Rand der Geschäftsstadt einige
Kilometer als Hoch= oder Unterpflasterbahn hergestellt werden müssen.

Zweifellos hat die Anlage der Wohnungsbahn als geschlossene
Schleifenbahn auch ihre Schattenseiten. Auf der eingleisigen
Schleifenbahn hat der Fahrgast, der nicht gerade in der Mitte der
Schleife zu= und abgeht, entweder bei der Hin= oder bei der Rückfahrt einen längeren Weg zurückzulegen, als dies bei Erschließung
des gleichen Verkehrsgebiets durch eine Stichbahn der Fall wäre.
Allein praktisch handelt es sich doch nur um geringe Zeitunterschiede.
Bei der Schleifenbahn ist die durchschnittliche Fahrzeit für alle Fahrgäste gleich, die Lage aller Stationen also verkehrsdienstlich gleich
günstig und gleich ungünstig. Als ein gewisser Nachteil kommt ferner
in Betracht, daß der Betrieb in einer Schleifenbahn starr und zwangs-
läufig wird. Berechnet sich die Fahrzeit durch den ganzen Ring nicht
zufällig auf eine runde Zahl (40, 50, 60) Minuten, dann können nach
Umständen recht unübersichtliche Verkehrszeiten entstehen, was aber
nur fühlbar ist, solange der Fahrplan dünn bleibt. Bei dichtem Betrieb ist es gleich, ob ein Zug alle 10 oder z. B. alle 9 oder
11 Minuten verkehrt. Im übrigen läßt sich dem Bedenken auch
bei dünnem Fahrplan durch entsprechende Bemessung der Fahrzeiten
und Aufenthalte und Anpassung der Anlage (Streckenlänge der
Schleifen und Zahl der Stationen) sowie der Motorenleistung und
Zugstärke an die gewünschten Fahrzeiten begegnen. Betriebsdienstlich
bleibt dann nur noch der Nachteil, daß die Ausgleichung von Ver-
spätungen nicht so leicht ist wie bei der Stichbahn; aber auch hier gibt

---

[1]) Diese Kosten sind bei der Veranschlagung des Strompreises bzw. der Unter-
haltungskosten des Fahrmaterials berücksichtigt.

es ausreichende Mittel zur Abhilfe, von denen eines (die Hilfsschleife bei R) im Übersichtspläuchen (Seite 4) angedeutet ist. Die eingleisige Anlage der Schleife kann allerdings bei Unfällen usw. zu Betriebs= unterbrechungen führen. Ob aber aus diesem Grunde allein die Herstellung des zweiten Gleises sich empfiehlt und ob nicht gegebenen= falls besser nach anderen Mitteln (Hilfsgleisen, Hilfsschleifen, Ver= mehrung der Schleifen usw.) zu greifen wäre, wird erst die Erfahrung lehren müssen.

Betriebswirtschaftlich ist zweifellos die Schleifenbahn der Stich= bahn überlegen. Abgesehen von dem schon erwähnten Vorteil, daß die Schleifenbahn nur ein einziges Gleis erfordert, ermäßigt sich die Zahl der Zugstilometer und damit der Zeit= und Arbeitsaufwand. Die Zeit, die bei der Stichbahn für das Umkehren der Züge ungenutzt verloren geht, wird bei der Schleifenbahn für die Streckenfahrt aus= genützt. Bei der Stichbahn wird auf den Stationen am Beginn oder am Ende der Fahrt immer nur ein= oder ausgestiegen. Bei der Schleifenbahn sind die letzten Stationen für ankommende Reisende zugleich wieder die ersten Stationen für abgehende, die durchschnittliche Platzausnutzung ist daher höher, die Zahl der zu leistenden Zug= tilometer und der Aufwand an Zeit= und Wegkosten niedriger[1]). Die Gesamtkosten des Betriebes dürfen für die Stichbahn um reichlich ein Drittel höher veranschlagt werden als für die Schleifenbahn.

In einem Punkt könnte es unter Umständen angezeigt erscheinen, von dem Vorschlag der Preisschrift abzugehen. Die Verhältnisse könnten es nämlich geboten erscheinen lassen, die Bahn auf der Stadtseite als Stichbahn einzuführen und sie lediglich der einfachen Umkehr halber in eine kurze Rangierschleife endigen zu lassen. Die Bahn würde so bei geringerem Kostenaufwand tiefer in die Großstadt ein=

---

[1]) Wollte man die Stationen A, B, C, D, dann R, S, T, U, V und W, X, Y, Z in Abb. 1 (Seite 4) statt mit Schleifenbahnen mit Stichbahnen bedienen, so würden zwar die Strecken A—B, V—R, und Z—V, wegfallen, dagegen müßten alle Strecken zweigleisig ausgebaut werden und es wären statt 10 km zweigleisiger und 16 km eingleisiger Bahn insgesamt 23 km Doppelbahnen mit einem sehr erheblichen Mehraufwand (mindestens 3 Mill. Mk.) erforderlich. Von den Zügen wären bei einer Hin= und Rückfahrt auf der Stichbahn durchschnittlich 40 km, auf der Schleifenbahn nur 32 km zurückzulegen und dafür durchschnittlich 55 Minuten gegen 40 auf der Schleifenbahn benötigt. An elektrischer Energie würden 202 KWSt. statt 148 aufzuwenden sein. Die Leistung an Zugtilometern würde um 25%, der Zeit= aufwand und Arbeitsverbrauch um rund 36% steigen.

bringen, und darauf kommt es auf der Seite gegen das Stadtzentrum
in erster Linie an. Zugleich würde sich hierbei auch von selbst die
Möglichkeit ergeben, die Verkehrszeiten der Züge in einzelnen Fällen
enger dem Verkehrsbedürfnis (Geschäftsstunden, Schul- oder Theater-
beginn u. s. f.) anzupassen. Für die Bedienung der Wohnstadt wäre
dagegen die Schleife auf jeden Fall beizubehalten. Ihre Anwendung
ist eines der vornehmsten Mittel, um den Betrieb weitgehend zu
verbilligen.

Wenn die Stationen in den Schleifen hoch gelegt würden, so
würde der Aufwand für das Anfahren und die Abnutzung des Ma-
terials beim Bremsen wesentlich vermindert. In der Kostenberechnung
ist diese Ersparnis, die je nach den Verhältnissen bis zu einem Viertel
des Stromverbrauches (jährlich 400 000 Mk.) betragen kann, nicht
berücksichtigt.

Hochlegung der Stationen.

d) Betrieb und Verkehr.

Von allergrößter Bedeutung für den Verkehrswert und die
Betriebsökonomie der Wohnungsbahn ist die Frage, ob der Weg
zwischen Geschäftsstadt und Wohnstadt von den Zügen omnibusmäßig,
also mit Zwischenaufenthalten, oder eilzugsmäßig, also unter Aus-
schließung von Unterwegsaufenthalten, zurückgelegt wird. Die
heute bestehenden Großstadtbahnen werden mit wenigen Ausnahmen[1]
mit Omnibuszügen betrieben. Die Preisschrift legt mit Recht einen
eilzugsmäßigen Betrieb auf der Wohnungsbahn ihren Berechnungen
zugrunde. Der eilzugsmäßige Betrieb ist nicht nur im Hinblick auf
die Interessen des Wohnverkehrs, sondern vor allem auch von dem
Gesichtspunkte der Wirtschaftlichkeit des Dienstes von größter Bedeutung. Auf einer Schnellbahnstrecke ohne Zwischenaufenthalte ist die
Reisegeschwindigkeit mindestens doppelt so hoch als auf einer Strecke
mit Zwischenaufenthalten. Es ermäßigen sich also auf der eilzugsmäßigen Betriebsstrecke die Zeitkosten, d. s. diejenigen Kostenbestand-
teile des Bahnbetriebes, die nicht von der Größe des zurückgelegten
Weges, sondern von der Länge der aufgewendeten Zeit abhängig sind,
auf die Hälfte. Aber auch der größte Teil der Wegkosten ist für
den Eilzugsbetrieb geringer. So beträgt der Aufwand an elektrischer
Arbeit für einen mit einer Höchstgeschwindigkeit von 75 km/Std. ge-
führten aufenthaltslosen Zugbetrieb fast nur $^1/_3$ des Arbeitsaufwandes,

Eilzüge ohne Zwischenaufenthalt.

---

[1] Berlin—Potsdam, Pariser Vorortverkehr, Newyorker Subway, Teile des
Londoner Vorortverkehrs.

den ein Omnibuszugbetrieb mit Haltestellabständen von je 1,25 km erfordert. Auch die Kosten der Unterhaltung der Bahn und der Fahrzeuge sind bei letzterem Betrieb erheblich höher. Im ganzen wird man von der Annahme ausgehen dürfen, daß auf Strecken ohne Zwischenaufenthalte Zeitaufwand und Zugbeförderungskosten bei guter Ausnutzung von Fahrmaterial und Personal nur etwa halb so hoch sind, wie auf Strecken mit Zwischenaufenthalten.

Die Preisschrift weist aber auch noch auf einen anderen für die Betriebsökonomie erheblich ins Gewicht fallenden Umstand hin: Hat ein dem Wohnverkehr dienender Zug an den sämtlichen Stationen einer Strecke anzuhalten, so beträgt bei gleichmäßiger Verkehrsbedeutung der Stationen seine durchschnittliche Besetzung 50 %, wie sich aus nachstehendem Schaubild ergibt:

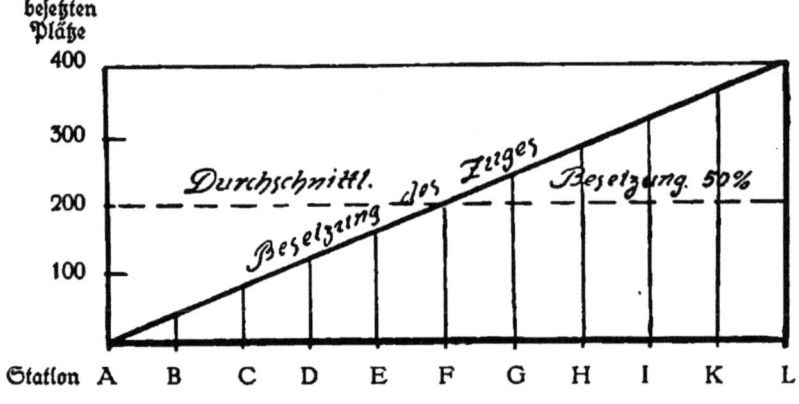

Abb. 2. Platzausnützung auf einer Strecke mit Zwischenaufenthalten.

Hält der Zug nur an der ersten Hälfte der Stationen und durchfährt er die folgenden Strecken ohne anzuhalten, so beträgt die Platzausnutzung 75 %, wie das Schaubild Seite 39 zeigt:

Der auf allen Stationen anhaltende Zug muß eben für die erst auf der letzten Station zugehenden Reisenden die Plätze schon auf der Ausgangsstation mit sich führen. Es wirkt also beim eilzugmäßigen Betrieb nicht nur die bessere Ausnutzung der Zeit durch das vorhandene Fahrmaterial, sondern auch die vollkommenere durchschnittliche Platzausnutzung vorteilhaft ein. Der

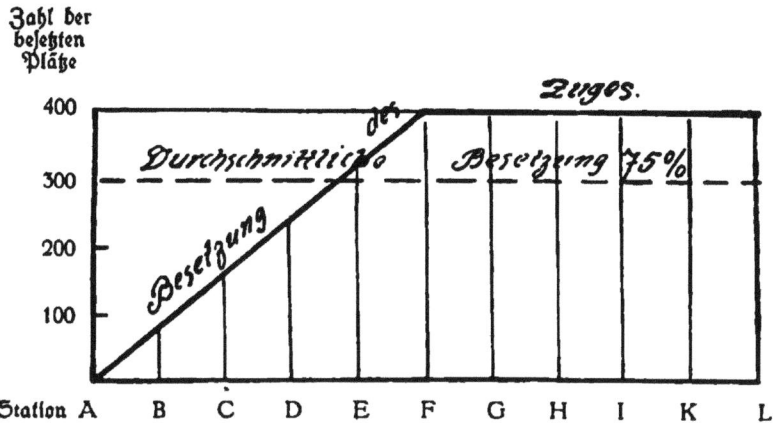

Zahl der
besetzten
Plätze

Station A   B   C   D   E   F   G   H   I   K   L

Abb. 3. Platzausnützung auf einer Strecke, deren Stationen zum Teil ohne
Anhalten durchfahren werden.

Unterschied tritt um so stärker hervor, je länger die Strecke ist. Die geringe Wirtschaftlichkeit des Betriebes auf der Berliner Stadt- und Ringbahn ist zu einem großen Teil diesem Umstande zuzuschreiben.

Die Fachliteratur hat bisher der betriebswirtschaftlichen Bedeutung der eilzugsmäßigen Verkehrsbedienung wenig Aufmerksamkeit gewidmet. In der Praxis haben freilich insbesondere die französischen Eisenbahnverwaltungen die wirtschaftliche Überlegenheit, die dem aufenthaltslos durchgeführten Zugdienst auch im Großstadtverkehr eigen ist, längst erkannt. Sie führen in ihrem Vorortverkehr zahlreiche Züge ohne Unterwegsaufenthalte. Die Staatswestbahn hat erst in allerjüngster Zeit bei der Neuorganisation ihres Vorortbetriebs vom Bahnhof St. Lazare in der Richtung gegen Versailles eine dreifache Staffelung des Zugverkehrs durchgeführt, indem die Züge der zweiten Zone die Zwischenstationen der ersten, die Züge der dritten Zone die Zwischenstationen der ersten und zweiten Zone ohne Aufenthalt durchfahren.

Wenn man die Selbstkosten des Betriebes auf einer Schleifenbahn der hier geschilderten Art mit den Selbstkosten auf einer Stichbahn mit Haltestellen von je etwa 1000 m Abstand auf völlig gleicher Grundlage einander gegenüberstellen würde, so würde sich etwa der doppelte Aufwand für das Personenkilometer an Betriebs- und Verzinsungskosten zu Lasten der omnibusmäßig betriebenen Stichbahn ergeben.

Verkehrsstöße. Eine der schwierigsten Fragen ist, ob mit dem vorgesehenen Personal und Fahrmaterial die gewaltigen Verkehrsstöße aufgenommen werden können, mit denen bei einem Bahnunternehmen der hier gedachten Art, namentlich morgens und abends bei Beginn und Ende der Geschäftsstunden, zu rechnen ist. Nach den Erfahrungen im Berliner großstädtischen Verkehr darf man annehmen, daß der stärkste Stundenverkehr auf dicht belegten Wohnungsbahnen das 2 1/2 bis 2 3/4 fache des mittleren Stundenverkehrs beträgt [1]).

Nach dem Musterbeispiel der Preisschrift beträgt der jährliche Gesamtverkehr 32,5 Millionen Fahrten, der durchschnittliche Stundenverkehr in einer Richtung, also bei einer 19 stündigen Betriebsdauer, 2300 Fahrten. Mit dem vorgesehenen Fahrpark können bei Annahme eines Reparaturstandes von 10 % 10 000 Platzfahrten in der Stunde geleistet werden, wobei die reichlich vorhandenen Stehplätze (etwa 25 %) nicht mit in Rechnung gezogen sind. Es wird also unter allen Umständen mit dem angenommenen Stand an Fahrmaterial das Auskommen gefunden werden können. Im übrigen wird selbstverständlich darauf hingewirkt werden müssen, die Verkehrsstöße durch Staffelung der Arbeitszeit, wie dies in Berlin in den letzten Jahren von der Großindustrie vielfach im Verkehrsinteresse eingeführt worden ist, so weit als möglich auszugleichen.

Wo die ungeteilte Arbeitszeit nicht allgemein eingeführt ist, muß auch mit einem mittägigen Verkehrsstoß gerechnet werden, der allerdings schwächer ist als der Verkehrsandrang in den Früh- und Abendstunden. Betriebswirtschaftlich kommt — wenigstens für die Wegkosten — die Mittagspause wesentlich in Betracht. Heute kann in Berlin wohl nur ein sehr geringer Teil der Arbeiter und Angestellten mittags nach Hause fahren. In einer Großstadt wie München würde eine großzügige Wohnungsbeschaffung wohl mit der Einführung der ungeteilten Arbeitszeit Hand in Hand gehen müssen. Ihre Einführung würde auch der Besiedelung des Außengeländes zu statten kommen [2]). Und während solche Erleichterungen sonst nur zu leicht sich in eine Erhöhung der Bodenrente zugunsten des Grundeigen-

---

[1]) Vgl. Schimpff im Archiv für Eisenbahnwesen 1912 S. 623.

[2]) Vgl. Ungeteilte Arbeits- und Schulzeit. Vortrag von Prof. Dr. M. v. Gruber. Diskussion. Gutachten. 2. Aufl. Schriften des Bayerischen Landesvereins zur Förderung des Wohnungswesens (e. V.) Heft 3. München 1911.

tümers umſetzen und damit der Allgemeinheit verloren gehen, würden ſie hier den Wohnungsnehmern ſelbſt zugute kommen.

Die Preisſchrift nimmt an, daß nur **eine einzige Wagen-** **klaſſe** geführt und ein **Einheitsfahrpreis** (von 20 Pf. für die Fahrt) feſtgeſetzt wird. Auch damit wird eine weſentliche Ver-billigung des Betriebes ermöglicht. Auch wenn man die Fahrkarten-kontrolle an den Bahnſteigen vornimmt, iſt ſie doch für jeden Fahr-gaſt nur einmal, entweder im Innern der Stadt oder außen in der Kolonie erforderlich, am beſten im Innern der Stadt, da dort die Zahl der Stationen geringer iſt und der unbedeutende Zwiſchenver-kehr zwiſchen den einzelnen Halteſtellen der Wohnungskolonie durch das Zugperſonal überwacht werden kann. Auf die Bahnſteigſperre kann aber bei der durch Einlaſſenſyſtem, Einheitsfahrpreis und die faſt ausſchließliche Verwendung von Zeitkarten außerordentlich ver-einfachten Fahrkartenprüfung vollſtändig verzichtet werden, wenn dem einen der zwei Bedienſteten, die ſich mindeſtens bei jedem Drei-wagenzug befinden, die Prüfung der Fahrkarten übertragen wird, zu der bei der langen aufenthaltslos zurückgelegten Strecke der Stammlinie ausreichend Zeit vorhanden iſt.

Auch für die **Herſtellung und den Verkauf der Fahr-** **karten** erwachſen wegen der umfangreichen Verwendung von Zeit-karten nur geringfügige Koſten. Die Zeitkarten werden, wie oben erwähnt, mit den beim Grundkauf verabfolgten Bezugsſcheinen be-zahlt, während die Fahrkarten an die ſonſtigen Fahrgäſte im weſent-lichen mit Automaten und durch das Zugperſonal verkauft werden können.

e) **Ausgaben und Einnahmenrechnung. Tarifbildung.**

Die Ausgabenrechnung der Preisſchrift enthält namhafte Re-ſerven, anderſeits mögen aber auch noch manche Ausgabepoſten nachzuholen, andere zu erhöhen ſein. Jedenfalls werden aber dadurch die Reſerven nicht erſchöpft[1].

Randnoten: Einlaſſen-ſyſtem und Einheitsfahr-preis. — Fahrkarten-verkauf. — Ausgaben.

---

[1] Die Preisſchrift hat, obwohl ſie jede aus drei Wagen beſtehende Zugsaus-rüſtung mit zwei Mann beſetzt, und zwar auch dann, wenn in den verkehrsreichen Stunden zwei und mehr derartige einfache Zugsausrüſtungen zu einem einzigen Zug vereinigt werden, noch daneben ſoviel für Stationsperſonal vorgeſehen (250 000 Mk., das iſt durchſchnittlich 12—14 Mann für jede der 13 Stationen), daß bei dem ge-ringen Bedarf an Weichenſtell- und ſonſtigem Betriebsperſonal — in den Zug-gleiſen befinden ſich im ganzen, abgeſehen von der Abzweigung zum Abſtellbahnhof.

Einnahmen.　Auch die Einnahmen sind vorsichtig veranschlagt. Für Nebenerträge (Reklame in den Bahnhöfen und Wagen, Bahnhofbuchhandel, Automaten, Bahnhofwirtschaften, Verkaufsläden in den Bahnhöfen usw.), die gerade bei städtischen Bahnen sehr hoch zu sein pflegen, dann für die Beförderung von Post, Expreßgut und Gütern ist nichts angesetzt, obgleich sich hier sehr erhebliche Einnahmequellen erschließen können. Die Berechnungen dürfen also in Einnahmen und Ausgaben als sehr vorsichtig bezeichnet werden.

Tarifbildung.　Ich hielte es darum auch für ausreichend, der Tariffestsetzung eine Durchschnittseinnahme von 15 Pf. für die Fahrt zugrunde zu legen. Der Preis der einfachen Fahrkarte könnte dann mit 20 Pf., der Einheitssatz für die Fahrt auf gewöhnliche Zeitkarte mit 15 Pf. und auf Monatsneben- und Schülerkarte mit 10 Pf. bemessen werden. Da der in den Preis des Grund und Bodens eingerechnete kapitalisierte Fahrkostenzuschlag nach dem Satz von 20 Pf. für die Fahrt berechnet ist, bleibt dann von dem eingerechneten Betrag ein Viertel übrig, das dazu verwendet werden könnte, dem Inhaber des Fahrtbezugsrechts nach seiner Wahl noch die Anschlußfahrkarte auf den innerstädtischen Verkehrsmitteln oder eine Anzahl von Einzelfahrkarten für seine Familienangehörigen zur Verfügung zu stellen.

f) Verlängerung der Wohnungsbahn.

Wie mehrfach hervorgehoben wurde, ist von der Forderung auszugehen, daß der Grund und Boden für die Wohnungskolonie erst in einer Zone des Außengeländes erworben werden dürfe, in der die Bodenpreise sich den landwirtschaftlichen Grund- und Bodenpreisen möglichst nähern. In der Preisschrift wird deshalb mit Recht auch die Frage untersucht, welches die Wirkung wäre, wenn die

---

nur vier Weichen, von denen zwei nur stumpf befahren werden — auf jeder Station ein voller Fahrkartenverkauf mit Fahrkartenkontrolle eingerichtet werden kann. Außerdem ist noch ein besonderer Posten von 204 000 Mk. ausdrücklich als Reserve vorgesehen. Anderseits vermisse ich aber einen Ansatz für verschiedene allgemeine Unkosten wie Haftpflichtentschädigungen und sonstige Ersatzleistungen, Gerichtskosten und dergleichen, dann für Steuern und öffentliche Lasten, endlich für Tilgung der Bahnanlage, wenn man nicht in dem vorgesehenen 4 1/2 %igen Zinssatz eine Tilgungsquote als berücksichtigt anerkennen will. Unzureichend erscheint mir ferner der Ansatz von 50 000 Mk. für Unterhaltung und Abschreibung der elektrischen Streckenausrüstung. Auch bei den Baukosten können sich Überraschungen ergeben. Aber trotzdem wird nach meinen Berechnungen mit dem Betriebskostenaufwand von 15 Pf. für den Fahrgast das Auskommen gefunden werden können.

Stammlinie der Wohnungsbahn von 10 auf 20 km verlängert werden würde. Dabei ergibt sich ein auf den ersten Blick
überraschendes Ergebnis, das aber, angesichts dessen, was oben über
die wirtschaftlichen Vorteile des eilzugsmäßigen Betriebes ausgeführt
wurde, durchaus verständlich ist. Während sich der durchschnittliche
Reiseweg eines Fahrgastes in diesem Falle von 16 auf 26 km, also
um 62% erhöht, wachsen die Betriebskosten nur um 33%, also
nicht in gleichem Verhältnis mit der kilometrischen Länge. Die
durchschnittliche Fahrzeit verlängert sich nur von 20 auf 28 Minuten,
ein Zeitaufwand, der im großstädtischen Wohnverkehr immer noch
angängig ist; erfahrungsgemäß werden Entfernungen bis zu dreiviertel
Stunden unter sonst günstigen Verhältnissen noch hingenommen. Im
Falle der gedachten Verlängerung der Stammlinie würde noch Wohngelände erschlossen werden können, das vom Großstadtzentrum bis zu
28 km entfernt liegt. Innerhalb dieser Zone wird unter allen Umständen der gewünschte billige Grund und Boden sich gewinnen
lassen. Die Gesamtkosten des Betriebes erhöhen sich von durchschnittlich 15 auf durchschnittlich 20 Pf. für die Fahrt, der durchschnittliche
Fahrpreis kann also mit 20 Pf. noch aufrecht erhalten werden. Will
man auf die bisherige Reserve nicht verzichten, den in den Bodenpreis einzurechnenden Fahrkostenbetrag somit auf 25 Pf. für die Fahrt
festsetzen, so erhöht sich der kapitalisierte Fahrkostenzuschlag für das
Quadratmeter baureifen Wohngeländes um 1,25 Mk. Betriebswirtschaftlich ist es also vertretbar, um 10 km weiter in das Außengelände
vorzubringen, wenn man dadurch einen um 1,25 Mk. billigeren Einheitspreis für das Quadratmeter erreicht.

g) Wohnungsbahnen mit geringen Anlagekosten.

Hier, wie in der Preisschrift, mußte selbstverständlich mit Friedenspreisen gerechnet werden, die freilich durch den Krieg eine
gewaltige Erhöhung erfahren haben. Allein, wie sich im Frieden
die Preise gestalten werden und wie lange die Zwischenzeit der Über-
führung der Kriegsverhältnisse in die Friedenswirtschaft mit allen
ihren Begleiterscheinungen andauern wird, sind Fragen einer noch
dunklen Zukunft. Es ist aber wohl zu hoffen, daß in absehbarer
Zeit die deutsche Währung ihre frühere Kaufkraft wenigstens zum
größten Teil wieder erlangt, wenn auch mit einer wesentlich höheren
Lage der Preise und Zinssätze schon wegen der gewaltigen öffentlichen

Konjunktur nach dem Kriege.

Laſten zu rechnen ſein wird und auch die neuen Verkehrsſteuern
berückſichtigt werden müſſen.

Es legt ſich daher die Erwägung der F r a g e nahe, o b d e r
Wohnverkehr nicht auch mit geringerem Kapitalaufwand
unter Verzicht auf Untergrundbahnen noch raſch genug
bedient werden könnte.

Überland
ſtraßenbahn
und
Schnell
ſtraßenbahn.
Hier iſt vor allem an die Ü b e r l a n d ſ t r a ß e n b a h n, für
die neuerdings von ſehr berufener Seite eine Ausgeſtaltung als
„S c h n e l l ſ t r a ß e n b a h n" vorgeſchlagen wird[1]), zu denken. Unter
allen in Betracht kommenden Verkehrsmitteln erfordert die Überland=
ſtraßenbahn die geringſten Baukoſten, mag ſie nun im Außengelände
die Straße benutzen oder auf eigenem Bahnkörper außerhalb der
eigentlichen Straße geführt werden. Auch die Koſten für die Bedienung
von Stationen fallen weg, die kleinen Zugeinheiten bieten eine
außerordentlich häufige Bedienung des Verkehrs und vermögen ſich
zeitlich dem wechſelnden Verkehrsbedürfnis eng anzupaſſen. Auch
kann die Überlandſtraßenbahn ohne Schwierigkeit bis tief in das Herz
der Großſtadt eingeführt und in der Wohnungskolonie ſo angelegt
werden, daß nur ganz kurze Wege von und zu den Halteſtellen
entſtehen. Für kleine und nicht allzuweit abliegende Wohnungs=
unternehmungen iſt die Überlandſtraßenbahn zweifellos auch das vor
allem in Betracht kommende Verkehrsunternehmen. Aber es werden
meiſt nur Höchſtgeſchwindigkeiten von 30 km/St. zugelaſſen (Berliner
Normen). Bei Halteſtellenabſtänden von 500 m ergibt ſich hiebei
ſelbſt in den verkehrsarmen Außenſtrecken eine Reiſegeſchwindigkeit
von nur 21—22 km in der Stunde, ſo daß die Fahrzeit in unſerem
Falle mindeſtens 50 Minuten betragen würde, gegen 20 Minuten
im Entwurfsbeiſpiel der Preisſchrift. Ein Teil des Mehraufwandes
an Fahrzeit würde durch die größere Dichtigkeit des Zug=
verkehrs und die geringere Länge der zu Fuß zurückzulegenden
Strecken wieder ausgeglichen werden. Immerhin würde aber die
lange Fahrtdauer der raſchen Beſiedelung einer groß angelegten
Wohnungskolonie vorausſichtlich hindernd im Wege ſtehen. Auch die
Koſten der Beförderung ſind um $^1/_3$ höher als bei der oben behandelten
Schnellbahn, wenn auch der Fahrpreis von 20 Pf. im Durchſchnitt
aller Fahrten noch gehalten werden könnte.

---

[1]) Vgl. Dr. ing. E. Gieſe, Groß-Berlin: „Schnellſtraßenbahnen". Berlin, 1917.

Bei der Dr. Giese'schen Schnellstraßenbahn würde sich die mittlere Reisegeschwindigkeit auf 22,5 km in der Stunde erhöhen und die Fahrzeit auf 45 Minuten mindern, aber trotzdem würde sich noch ein durchschnittlicher Zeitaufwand für den Weg von und zur Arbeitsstätte von einer Stunde ergeben. Auch die Kosten wären bei der Schnellstraßenbahn kaum sehr viel niedriger als bei der gewöhnlichen Überlandstraßenbahn.

Es ließe sich aber auch ins Auge fassen, die Wohnungsbahn nur im Stadtinnern als Straßenbahn, außerhalb der Stadt aber als Schnellbahn auf eigenem Bahnkörper unter Vermeidung unbedienter schienengleicher Wegübergänge zu führen. Derartige in der Literatur vielfach als „Städtebahnen" bezeichnete gemischte Schnell= und Straßenbahnen bestehen in verschiedenen Großstädten. Die gemischte Schnell= und Straßenbahn ist der reinen Überlandstraßenbahn an Schnelligkeit überlegen. Sie kann auch die Vorteile eines eilzugsmäßigen Betriebs voll ausnutzen. Sie ist daher für Unternehmungen unserer Art ganz hervorragend geeignet. Wenn sie im Stadtinnern nicht mit einer der gewöhnlichen Straßenbahnlinien auf gemeinsamem Gleis geführt wird, läßt sich die Zahl ihrer innerstädtischen Haltestellen stark einschränken und dadurch doch eine so hohe Reisegeschwindigkeit erzielen, daß in unserem Falle unter sonst nicht zu ungünstigen Verhältnissen mit einer Gesamtfahrzeit von etwa 30 Minuten das Auskommen gefunden werden könnte. Allerdings läßt sich das Fassungsvermögen der Wagen wegen der geringeren Umgrenzungslinie des lichten Raumes der Fahrbahn nicht so groß und darum das Fahrmaterial nicht so wirtschaftlich gestalten wie bei der Schnellbahn. Doch wird der Nachteil des leichteren Fahrmaterials und der Mehraufwand an Zeitkosten, mit dem infolge der höheren Fahrzeit zu rechnen ist, durch den Minderverbrauch an Kraft, der sich mit der kleineren toten Last und der geringeren Geschwindigkeit ergibt, zum großen Teil wieder ausgeglichen, so daß sich die reinen Zugskosten für das Platzkilometer nur unwesentlich höher berechnen als bei der Schnellbahn. Dafür entfallen die hohen festen Kosten der Einführung der Bahn in die Großstadt als Hoch= oder Untergrundbahn, ein Umstand, der insbesondere bei kleineren Wohnungsunternehmungen, dann aber auch bei größeren während der Übergangszeit bis zur vollen Besiedelung schwer ins Gewicht fällt.

Auch die Dampfschnellbahn kann für die Verbindung einer Wohnungskolonie mit dem Stadtinnern in Betracht kommen. Es

Gemischte Schnell= und Straßenbahn.

Dampfschnellbahn.

läßt sich sogar denken, daß von bestehenden Vorortbahnen Schleifen in ein naheliegendes Wohngelände abgezweigt werden. Stehen viergleisige Strecken zur Verfügung, dann läßt sich auch ein eilzugsmäßiger Betrieb durchführen. In diesem Falle schlägt die Dampfschnellbahn durch die Billigkeit ihrer Selbstkosten sogar alle übrigen Verkehrsarten und steht dabei doch an Geschwindigkeit selbst der elektrischen Schnellbahn kaum nach. Aber ihre Wirtschaftlichkeit beruht auf der Verwendung großer Zugseinheiten. Die Zahl der Fahrgelegenheiten ist daher 3—6 mal geringer als bei den anderen besprochenen Verkehrsarten und gegenüber diesem Nachteil tritt der Vorteil der kürzeren Fahrzeit stark in den Hintergrund. Auch vermag sich die Dampfbahn der wechselnden Stärke des Verkehrs bei weitem nicht in dem Maße anzupassen wie die elektrischen Bahnen. Die Platzausnutzung ist daher ungünstiger und vollends für die Untergrundstrecken schließt sich die Dampfbahn geradezu aus.

Ich habe für die verschiedenen in Betracht kommenden Verkehrsarten die Fahrzeiten und Betriebskosten berechnen lassen, wie sie sich für eine Schleifenbahn der vorgeschlagenen Art ergeben und zwar für ein Beispiel mit dem vollen Verkehr der Preisschrift und für eines mit etwa ¹/₄ des von ihr angenommenen Verkehrs. Sie sind in der nachstehenden Übersicht zusammengestellt.

1	2	3	4	5	6	7	8	9	10	11
Vortrag	Höchstgeschwindigkeit	Fahrzeit für die einfache Fahrt	a) Für das Entwurfsbeispiel der Preisschrift (16 km durchschnittl. Fahrtlänge und 32,5 Mill. Fahrten im Jahr)				b) Für ein kleineres Unternehmen (14 km durchschnittl. Fahrtlänge und ¹/₄ des jährl. Verkehrs von a)			
			Reine Zugskosten für das Platz-km	Gesamtausgaben für das Platz-km	Gesamtausgaben für das Personen-km	Gesamtausgab. für die einfache Fahrt (16 km)	Fahrzeit für die einfache Fahrt	Gesamtausgaben für das Platz-km	Gesamtausgaben für das Personen-km	Gesamtausgab. für die einfache Fahrt (14 km)
	Min.	Min.	Pf.	Pf.	Pf.	Pf.	Min.	Pf.	Pf.	Pf.
Motoromnibus¹)	22	56	1,00	1,20	3,00	48	50	1,20	3,00	42
Überlandstraßenbahn (Schnellstraßenbahn)²)	30	45	0,35	0,43	1,08	17¹/₂	40	0,53	1,42	20
Gemischte Schnell- u. Straßenbahn³)	65	30	0,22	0,33	0,80	13	25	0,46	1,14	16
Dampfschnellbahn³)	75	25	0,13	0,28	0,70	12	20	0,57	1,42	20
Elektr. Schnellbahn³)	75	20	0,18	0,37	0,92	15	15	0,69	1,72	24

¹) Mit Anhalten an beliebigen Punkten der Fahrt.
²) Haltestellen alle 500 m. Beförderung nur auf Sitzplätzen angenommen.
³) Haltestellen wie in der Preisschrift. Abbildung der Gesamtanlage s. oben S. 4. Für das kleinere Unternehmen ist statt der Schleifen II und III nur eine Schleife angenommen, die die Haltestellen R S V verbindet.

Die Kostenberechnungen sind auf gleicher Grundlage durchgeführt. Nur für den Dampfbetrieb sind die höheren Personalbezüge der bayerischen Staatsbahnen eingesetzt. Für Ablösung des Personals bei Urlaub und Erkrankung, dann für Pensions- und Wohlfahrtsaufwand sind den Gehaltsbezügen 25 % zugeschlagen. Für Verzinsung des Anlagekapitals sind 4 1/2 % berechnet. Außerdem sind für Tilgung 1/2 % vorgesehen, soweit nicht, wie beim Oberbau, bei der elektrischen Streckenausrüstung und beim Fahrpark im Unterhaltungsaufwand die regelmäßige Erneuerung inbegriffen ist. Der Strompreis ist einschließlich der Verzinsung des Kraftwerkes mit 4 Pfg. für die Kilowattstunde in Rechnung gestellt. Die durchschnittliche Platzausnützung ist mit 40 %, bei der Dampfbahn mit 35 % und die Höchstleistung in der verkehrsreichsten Stunde auf 10 000 bzw. 2500 beförderte Sitzplätze in einer Richtung angenommen. Bei der Überlandstraßenbahn und gemischten Schnell- und Straßenbahn ist für die Benützung des Straßengrundes eine Vergütung von 4 % des Geländewertes in der betreffenden Lage und in dem für das Gleis in Anspruch genommenen Ausmaß berechnet. Steuern und Abgaben sind mit 6 % der reinen Betriebsausgaben berücksichtigt. Eine Gegenüberstellung der Anlagekosten und Betriebsausgaben für die vier Grundtypen einer Wohnungsbahn ist in der Beilage enthalten. Die vorstehende Übersicht zeigt, daß die elektrische Schnellbahn an Schnelligkeit allen anderen Verkehrsarten voransteht. Aber die Fahrzeit ist bei der gemischten Schnell- und Straßenbahn nur um die Hälfte länger als bei der reinen Schnellbahn und diesem Mehraufwand an Zeit steht eine Kostenersparnis von 13 % gegenüber. Die Dampfschnellbahn ist wieder um fast 13 % billiger als die gemischte Schnell- und Straßenbahn, aber dieser Vorsprung des Dampfbetriebes kann gegenüber den vielen Vorteilen der gemischten Schnell- und Straßenbahn kaum ausschlaggebend ins Gewicht fallen. Die Leichtigkeit, mit der diese bis tief in das Herz der Großstadt eindringen und hier den Verkehr an die innerstädtischen Verkehrsmittel abgeben und von ihnen aufnehmen kann, endlich ihre kleinen und häufigen Zugseinheiten und verhältnismäßig geringen Anlagekosten sichern ihr eine bevorzugte Stelle unter den großstädtischen Verkehrsmitteln. Dabei wird ihre Anwendung durch das S c h l e i f e n s y s t e m und die damit verbundene e i n g l e i s i g e B a h n f ü h r u n g , die auch noch die Legung des Gleises durch e n g e r e u n d b e l e b t e r e S t r a ß e n z ü g e gestattet, ganz a u ß e r -

ordentlich erleichtert. Ferner können ohne sehr erhebliche Mehr-
kosten auch im Stadtinnern mehrere Schleifen angelegt und dadurch
die verschiedenen Stadtbezirke besser berücksichtigt werden.

h) Übergang auf andere großstädtische Verkehrsmittel.

Es ist nicht die Aufgabe der Wohnungsbahn, innerhalb der
Stadt auch die innerstädtischen Verkehrsmittel zu ersetzen
oder zu entlasten. Sie wird deshalb, wie schon erwähnt, auch nicht
bis in das Herz der Großstadt hinein-, sondern nur bis an den
Rand derselben heranzuführen sein, um dort ihre Fahrgäste an die
innerstädtischen Verkehrsmittel zu übergeben. Die Fahrgäste der Wohnungsbahn nehmen das innerstädtische Verkehrsmittel im Durchschnitt
selbstverständlich auf viel kürzere Strecken in Anspruch wie die innerstädtischen Fahrgäste. Sie werden daher unbillig belastet, wenn sie
den im allgemeinen für eine höhere durchschnittliche Fahrtlänge berechneten Mindesttarif entrichten müssen. Es ist deshalb die Forderung
gerechtfertigt, daß den Anschlußfahrgästen durch einen Übergangs-
tarif verbilligte Anschlußsätze für Einzel- und Zeitkarten zugestanden,
jedenfalls aber die Mindestfahrpreise und etwaigen Einheits-
fahrpreise der innerstädtischen Verkehrsmittel für diesen Anschlußverkehr
preisgegeben werden sollen[1].

Der Übergang von einem Verkehrsmittel auf das
andere muß auch durch die Bahnanlagen möglichst bequem
für das Publikum gestaltet werden, wie dies in nicht zu
übertreffender Weise auf dem Bostoner Schnell- und Straßenbahnnetz
durchgeführt ist[2].

Ergebnisse.
a) Die Bodenpreise.

Die Verkehrsfrage wurde im vorstehenden besonders eingehend
behandelt, weil sie entscheidend für die Frage ist, ob es überhaupt

---

[1] Nimmt man an, daß der Halbmesser der Geschäftsstadt 1,6 km beträgt, so
kann man mit einer durchschnittlichen Inanspruchnahme der innerstädtischen Verkehrsmittel durch die Fahrgäste der Wohnungsbahn von 1,6 km rechnen. Hiefür ergibt sich
bei Zugrundelegung eines kilometerischen Streckensatzes von 2,5—3 Pfg. für das Kilometer
durchschnittlich ein Betrag von 5 Pfg., während der Mindestsatz meist 10 Pfg. für die
Fahrt ist. Auch die Mindestpreise für die Monatskarten sind meist nach den erwähnten
Mindestpreisen berechnet.

[2] Vgl. zur Frage der Anschluß-Anlagen und Anschluß-Tarife auch die ein-
gehenden Ausführungen in der schon erwähnten Schrift: Dr. Giese, Schnellstraßen-
bahnen, Abschn. C 6 und 7.

möglich ist, auch dem minderbemittelten Teil der im Innern der Großstadt werktätigen Bevölkerung die Wohltat einer billigen Wohnung mit Gartengenuß zuteil werden zu lassen.

Nach unsern Berechnungen ist bei der im Musterbeispiel angenommenen durchschnittlichen Fahrtlänge von etwa 16 km mit einem Fahrpreis von höchstens 20 Pfg. für die einfache Fahrt zu rechnen. Wie oben näher ausgeführt wurde, soll die große Mehrzahl der Grundstücke der Wohnungskolonie mit einem Fahrkostenbezugsrecht für 600 Fahrten im Jahr ausgestattet werden. Der auf 25 Jahre kapitalisierte Aufwand hiefür soll, wie dies oben näher geschildert ist, auf den Grund und Boden der Kolonie verteilt und dem Verkaufspreis zugeschlagen werden. Hiebei ergibt sich, wie berechnet wurde, ein G e s a m t b o d e n p r e i s von 7 Mk. für das Quadratmeter für Grundstücke mit Fahrkostenbezugsrecht und 5 Mk. für Grundstücke ohne solches. (Rohgelände 1 Mk., Straßenherstellung 1 Mk., Kanalisierung 0,60 Mk., Zwischenzinsen und Verwaltungskosten 0,80 Mk., kapitalisierter Fahrkostenanteil für Grundstücke mit Fahrkostenbezugsrecht 3,60 Mk., für Grundstücke ohne solches 1,60 Mk.) Um solche Preise sind in Berlin und München günstig gelegene Grundstücke in Vororten mit guter Zugsverbindung, auch ohne Freifahrt, nicht zu haben.

b) Die Wohnungspreise.

Am wichtigsten ist die Frage, wie sich der P r e i s d e r f e r t i g e n W o h n u n g für den Wohnungsnehmer stellt. Diese Frage beantwortet die Preisschrift, indem sie auf Seite 66 eine Zusammenstellung der Gestehungskosten für einige typische Formen von Kleinwohnungen gibt. Die Zusammenstellung sei auf nächster Seite wiederholt.

Die hier berechneten Sätze können selbstverständlich keine allgemeine Gültigkeit für sich in Anspruch nehmen. Es werden stets die örtlichen Verhältnisse, die Konjunktur auf dem Wohnungsmarkt und die augenblickliche Preislage der Baustoffe für die Kosten der Bauausführung maßgebend sein. Die obigen Berechnungen entsprechen etwa den Verhältnissen wie sie in München vor Kriegsausbruch, also in einer Zeit geringerer Bautätigkeit bestanden haben; dabei sind allerdings Zuschläge für die Entwurfsbearbeitung und Bauleitung, dann auch Aufwendungen für das Herrichten und Einfriedigen der Gärten, endlich Geldaufbringungskosten nicht in Rechnung gestellt. Bei der Massenherstellung von Typenwohnhäusern im Großbaubetrieb

Wohnung mit	Baugrund		Reine Baukosten	Gesamtpreis der Wohnung	Mietwert (6% aus Spalte 5)		Wert der Gartenbenutzung monatlich	Netto-Mietwert monatlich
	Größe	Kosten			jährl.	monatlich		
	qm	Mt.	Mt.	Mt.	Mt.	Mt.	Mt.	Mt.
1	2	3	4	5	6	7	8	9
1. 4 Räumen, 60 qm Nutzfläche im Stockwerkhaus mit Fahrtbezugsrecht . .	200	1400	4600	6000	360	30,—	2,50	27,50
2. besgl. ohne Fahrtbezugsrecht	200	1000	4600	5600	336	28,—	2,50	25,50
3. 4 Räumen wie vor im Einfamilienhaus mit Fahrtbezugsrecht . . .	200	1400	5200	6600	396	33,—	2,50	30,50
4. 5 Räumen, 100 qm Nutzfläche im Stockwerkenhaus mit Fahrtkostenrecht . .	400	2800	7400	10200	612	51,—	5,—	46,—
5. besgl. ohne Fahrtbezugsrecht	400	2000	7400	9400	564	47,—	5,—	42,—
6. 5 Räumen wie vor im Einfamilienhaus mit Fahrtbezugsrecht . . .	400	2800	7800	10600	636	53,—	5,—	48,—

dürften aber die angenommenen Preise auch für die Deckung dieser Kosten hinreichen.

Bei der Kleinwohnung zu 60 qm Nutzfläche ist ein Raum als Wohnküche gedacht. Ein besonderes Badezimmer ist nicht eingerichtet. In der Wohnküche ist an einer Wand eine Badewanne aufgestellt, die mit einer als Abstell= oder Scheuertisch benutzbaren aufklappbaren Platte bedeckt ist. Zur Ersparung einer Speisekammer ist unter dem Fenster der Wohnküche ein nach außen lüftbarer Speiseschrank angebracht. Im Kellergeschoß ist für jedes Treppenhaus eine Waschküche eingebaut. Die größeren Wohnungen sind entsprechend reicher ausgestattet.

Die ermittelten Kleinwohnungspreise sind, obwohl sie das Fahrgeldbezugsrecht und die Gartenbenutzung mit enthalten, beispielsweise doch noch um etwa 5—10 Mt. für den Monat niedriger als die ortsüblichen Mietpreise für Miethauswohnungen gleicher Art im Münchner Stadtgebiet, die 3 km und mehr vom Zentrum abliegen, und sie bleiben selbst hinter den Mietpreisen der Münchener gemeinnützigen Bauvereinigungen noch etwas zurück. Das vielgerühmte Einfamilienhaus der kleinen Geschäftsangestellten in den Londoner Vororten kostet etwa 9000 Mk., ist aber meist mit keinem oder mit keinem nennenswerten Gartenbesitz verbunden.

Jedenfalls scheint mir der Nachweis gelungen zu sein, daß es möglich ist, auf dem vorgeschlagenen Wege auch für die minderbemittelten Klassen der Bevölkerung Außenwohnungen mit sehr auskömmlichem Gartengenuß, unter Gewährung eines Freifahrtrechtes zu Preisen zu beschaffen, die nicht höher sind als die heutigen Mietpreise für Wohnungen gleicher Beschaffenheit in den äußeren Stadtteilen und in den Vorstädten.

Freilich ist bei den hier vorgesehenen Preisen den Verhältnissen des allerschwächsten Teiles der minderbemittelten Bevölkerung noch nicht Rechnung getragen. Denn leider bleiben selbst die Durchschnittspreise, die die minderbemittelten Bevölkerungskreise für ihre Wohnung aufwenden, noch hinter den für die billigste Wohnungstype berechneten Sätzen zurück. Nach einer Erhebung von Wirtschaftsrechnungen minderbemittelter Familien des Deutschen Reiches, die das kaiserliche statistische Amt vor einigen Jahren veranstaltet hat, betrugen die Aufwendungen für Wohnzwecke in Familien mit einer Gesamtjahresausgabe

unter 1200 Mk. . . . durchschnittlich 214,28 Mk.,
von 1200—1600 Mk. „ 247,46 „
„ 1600—2000 „ „ 323,56 „
„ 2000—2500 „ „ 389,18 „

In Preußen besitzen mehr als 50 % aller Einwohner höchstens 900 Mk. Jahreseinkommen und in Sachsen sind nur 10 % der Einwohner mit einem Einkommen von mehr als 2000 Mk. im Jahre veranlagt. In Berlin hatten 1915 unter 619 000 Steuerveranlagten nur 55 000 ein Einkommen über 3000 Mk. Im Gesamtdurchschnitt werden in unseren deutschen Großstädten nur 397,73 Mk. für Wohnungszwecke aufgewendet.

Nach der letzten Wohnungszählung waren in Berlin 44 % aller Wohnungen einräumig und 28 % zweiräumig. Nicht weniger als 72 % der Bevölkerung sind also auf Wohnungen angewiesen, die nicht mehr als die Hälfte der Raumzahl bieten, die die Preisschrift für ihre ein-

sachste Wohnungstype annimmt. Die Stadt Wien hat kurz vor dem Ausbruch des Krieges 700 Bediensteten-Wohnungen am Ende der Stadt
gebaut mit je 1 Zimmer und 1 Küche zum Preise von monatlich 32 Kronen
(27,20 Mt.). Deutschland wird in den kommenden Jahrzehnten alles
aufbieten müssen, um die Lebenshaltung der Bevölkerung zu verbilligen
und dadurch einerseits die Kosten der Gütererzeugung zu ermäßigen,
anderseits die Kapitalbildung auch in den breiten Schichten der Minderbemittelten zu erleichtern. Es werden daher von einem Unternehmen,
das die Wohnungsfrage für die minderbemittelten Klassen lösen will,
auch Wohnungen kleinster Art, also besonders auch zwei- und dreiräumige Wohnungen für ganz kleine Familien vorzusehen sein.
Wird auch für den kleinsten Wohnungsnehmer das Erfordernis der
ausreichenden Gartennutzung festgehalten, so erscheint diese Art von Kleinwohnungen hygienisch eben noch vertretbar. Es dürfte bei der dar-
gestellten Regelung der Verkehrs- und Bodenfrage möglich sein, die
dreiräumige Wohnung um monatlich 25 Mt. und die zweiräumige um
20 Mt. einschließlich Fahrtrecht zur Verfügung zu stellen, ohne dabei
mit dem Anteil am Grund und Boden unter das Mindestmaß von
200 qm für die Familie herabzugehen. Die bei diesen Wohnungen ohne
weiteres zulässige Herabsetzung der Anforderungen an die Straßenbreite, Straßenbefestigung, Straßenbeleuchtung und Kanalisation wird
die Erreichung dieses Zieles erleichtern.

Erwägt man hierbei, daß der Ertrag des Gartens mit monatlich
2,50 Mt. äußerst vorsichtig geschätzt ist, so mindert sich der Wohnungs-
aufwand in der Gartenstadt schließlich auf einen Betrag, der auch noch
für die auf den Stufen kümmerlichster Lebenshaltung stehenden Bevöl-
kerungsschichten nicht nur erschwingbar ist, sondern für sie sogar noch
eine Verbesserung ihrer wirtschaftlichen Verhältnisse bedeutet. Wohnungen
solcher einfachster Typen entsprechen allerdings nicht den Idealforde-
rungen, die der Sozialpolitiker als Endziel im Auge behalten wird.
Es handelt sich aber hier um das zunächst praktisch Erreichbare, und
von diesem Gesichtspunkt aus wird man sich auch mit dem Gedanken
der Bereitstellung solcher kleinster-Wohnungen abfinden können, denn
Weiträumigkeit und Gartengenuß mindern die sonst sich aufdrängenden
Bedenken. Jedenfalls bildet auch eine zweiräumige Wohnung mit Garten
noch eine wesentliche Verbesserung der Verhältnisse, unter denen ein leider
recht großer Teil der großstädtischen Bevölkerung heute zu wohnen genötigt ist.

c) Die großstädtische Siedelungspolitik.

Es ist noch die Frage zu prüfen, wie sich das Projekt zum großstädtischen Siedelungsproblem überhaupt verhält. Gewiß muß
gefordert werden, daß sich eine Maßnahme von so hoher Bedeutung
für die Großstadtentwicklung in das Zukunftsprogramm einer weit-
schauenden Siedelungspolitik organisch einfügt. Es wurde wiederholt
betont, daß, wenn man von den Arbeiterwohnungen in den Fabrik-
vorstädten absieht, die billige Außenwohnung mit Nutzgarten die einzige
Wohnungstype ist, die der großstädtischen Bevölkerung bisher versagt
geblieben ist. Die Preisschrift sucht also mit ihrem Vorschlag einer
berechtigten und wichtigen Forderung breiter Massen der im Innern
der Großstadt arbeitenden Bevölkerung Rechnung zu tragen. Der
Vorschlag würde aber gleichwohl zu Bedenken Anlaß geben, wenn durch
seine Verwirklichung der Entwicklung des großstädtischen Wohnungswesens im übrigen Abbruch getan würde. Die Verhältnisse haben es
mit sich gebracht, daß für die minderbemittelte Bevölkerung auch in
der Großstadt selbst durch das moderne Großmiethaus entsprechend
gesorgt ist. Dieser Wohnungstyp kann überhaupt nicht entbehrt werden.
Die Großstadt kann darum auch auf einen regelmäßigen Zuwachs
an innerstädtischen und Vorstadtwohnungen im modernen Großmiethaus nicht verzichten. Eine allgemeine Entwertung des großstädtischen Hausbesitzes und damit eine Erschütterung des städtischen
Realkredits könnte die bedenklichsten Folgen nach sich ziehen. Allein
damit ist nicht zu rechnen. Denn wie oben gezeigt wurde, werden die
Preise der Wohnungen in der Gartenstadtsiedelung, selbst bei Berück-
sichtigung des Gartenertrages, keineswegs so niedrig werden, daß mit
einer allgemeinen Stadtflucht zu rechnen wäre. Auch diejenigen Familien,
für die sich die Bilanz besonders günstig stellt, müssen in diese den
Aufwand an Zeit und Mühe für die Fahrt zwischen Wohn- und
Geschäftsstadt und für die Gartenbewirtschaftung einstellen. Im übrigen
nimmt unser Musterbeispiel an, daß jährlich nur etwa 6500 Einwohner,
d. i. nach den Verhältnissen von Groß-Berlin etwa 7 % des jährlichen
Bevölkerungszuwachses, in der Siedelungskolonie Wohnung findet.
Abgesehen hiervon würden von der neuen Wohnungskolonie sicher auch
Kreise (Rentner, Pensionisten, neue Gewerbe und Industrien) ange-
zogen werden, die sonst der Großstadt fern bleiben würden.

Bei richtig organisierter Bebauung des großstädtischen Wohnungsgebietes nimmt die Dichtigkeit der Besiedelung nach den äußeren Zonen

immer mehr ab. Die vorgeschlagene Gartenstadt soll die äußersten Ausläufer des eigentlichen großstädtischen Wohnungsgebietes und damit den Übergang zu dem landwirtschaftlich benutzten Gelände darstellen, nur sollen diese entferntesten Wohngebiete durch Verkehrseinrichtungen modernster Art für den Wohnungsnehmer zeitlich nahe an das Herz der Großstadt herangezogen werden. Die Verkehrsanlage kann aber, wenigstens in ihren äußeren Teilen, noch mit verhältnismäßig geringem Aufwand angelegt werden. Werden Verkehrsanlagen vor der Besiedelung des Geländes geschaffen, so erfordern sie nur den zehnten Teil des Aufwandes, der notwendig ist, wenn sie dicht bebaute Gebiete durchziehen. Die jüngste Entwicklung des Berliner Schnellbahnnetzes bildet hierfür augenfällige Belege.

Je mehr auf dem vorgeschlagenen Wege an die Schaffung dezentralisierter Kristallisationspunkte für die großstädtische Siedelung herangetreten würde, umsomehr würden mit billigen Mitteln Schnellbahnen im Großstadtbezirk geschaffen, die einstmals, wenn das ganze umliegende und zwischenliegende Gelände dicht bebaut ist, zu einem mit Hunderten von Millionen nicht aufzuwiegenden Bestandteil des Nationalvermögens werden können.

Vielfach wird von der großstädtischen Siedelungspolitik die Einfügung von Wald- und Wiesengürteln und ausgedehnten Freiflächen in den Bebauungsplan verlangt. Dieser zweifellos berechtigten Forderung kann bei der Schaffung von Siedelungsgebieten, wie wir sie uns vorstellen, weit leichter Rechnung getragen werden, als wenn sich ein Ring dicht bebauten Wohngebietes nach dem anderen um die Großstadt legt.

d) Die Schwierigkeiten der Durchführung.

Freilich dürfen auch die Schwierigkeiten nicht unterschätzt werden, die sich der Verwirklichung unseres Projektes entgegensetzen werden. Sie beginnen bei der Gewinnung des notwendigen Grund und Bodens. Das Gelände muß von sehr großer Ausdehnung sein, weil sonst ein dichter Zugverkehr nicht hergestellt werden kann. Wohl sind in dieser Schrift Wege angedeutet worden, die auch für Unternehmungen von wesentlich geringerem Umfang, als sie die Preisschrift im Auge hat, noch eine entsprechende Ausgestaltung der Verkehrsanlage zulassen, aber trotzdem handelt es sich auch in solchen Fällen immer noch um große Geländekomplexe, die für die Besiedelung vorher erworben werden müſſen und deren Umwandlung in eine Siedelungskolonie durch einzelne widerſtrebende Grundbeſitzer unverhältnismäßig erſchwert, wenn nicht unmöglich gemacht werden kann. Nach Umſtänden wird nichts anders erübrigen als auf Wald= gebiete in der Nähe der Großſtadt zurückzugreifen, die vielfach den einzigen zuſammenhängenden Beſitz darſtellen, der ſich in einer Hand, vielfach ſogar im Eigentum des Staates oder der Gemeinde befindet. Freilich gehen dadurch Ausflugsgebiete und vor allem Geländeflächen verloren, die man häufig als die Lungen der Groß= ſtadt bezeichnet hat. Aber auch Gartenland kann den Zweck der Lufterneuerung erfüllen, und eine Gartenſtadt vermag einen weit größeren Teil der großſtädtiſchen Bevölkerung zur ſtändigen Wohnung in der friſchen Landluft aufzunehmen und da= durch noch einen weit umfaſſenderen und ausgiebigeren geſundheitlichen Nutzen zu ſtiften als ein Waldkomplex, der dem Stadtbewohner nur als Ausflugsziel an ſchönen Feiertagen dient.

Aber auch wenn das notwendige Gelände zur Verfügung ſteht, ſind meiſt noch ernſte Widerſtände zu überwinden: vor allem iſt zu rechnen mit dem Schwergewicht der konkurrierenden Intereſſen, die ſich der Verwirklichung eines Siedelungsprojektes ſtets entgegenſtellen. Es kommt hier weniger der großſtädtiſche Hausbeſitz in Frage: für ihn bildet die Schaffung einer Wohnungskolonie im Außengelände keine Gefahr. Im Gegenteil, groß genug angelegt, kann ein ſolches Unternehmen zu einem wohltätigen Regulator von Angebot und Nachfrage auf dem Wohnungsmarkt werden, alſo für beide Teile, für Wohnungsnehmer und Hausbeſitzer Vorteile bringen. Eine weit ernſtere Gegnerſchaft erwächſt den Gartenſtadtbeſtrebungen aus den Kreiſen der Terrainunter= nehmungen in der Umgebung der Großſtadt, die bei dem Erwerb ihres Grundbeſitzes meiſt ſchon einen mehr oder minder großen Teil des erhofften Gewinns vorweg opfern mußten und ihrer= ſeits die Schaffung neuer Verkehrslinien betreiben, um die dadurch eintretende Wertserhöhung zu realiſieren. Dieſe Kreiſe erblicken ſelbſt= verſtändlich ihren erbittertſten Feind in einem Unternehmen, das einen großen Teil des großſtädtiſchen Verkehrs und Bevölkerungszuwachſes auf einen anderen Punkt konzentrieren will, dadurch die Entwicklung ihrer eigenen Siedelungsgebiete verzögert, ihre eigenen Zinsverluſte noch weiter ſteigert und die allgemeine Preislage im Außengelände drückt. Die Auseinandersetzung mit diesen Kreisen wird im Interesse der großstädtischen Wohnungsfürsorge unvermeidlich sein und deshalb erfolgen m ü ſ ſ e n.

Zusammenfassung und Schlußwort.

Wir fassen das Gesagte nochmals zusammen: Es soll A u ß e n ‌- g e l ä n d e erworben werden, das noch nicht oder wenig von der großstädtischen Preissteigerung erfaßt iſt, dasselbe ſ o l l e r w o r b e n w e r d e n v o r H e r ſ t e l l u n g d e s V e r k e h r s, um die Fern-haltung jedes ſpekulativen Elements bei der Preisbildung ſicherzuſtellen. D e r g a n z e N u t z e n, der aus der Erhöhung des wirtſchaftlichen Wertes des Bodens durch die Herſtellung der Verkehrsanlage und durch die Erſchließung desſelben zum Baugelände entſteht, ſoll d e n W o h n u n g s n e h m e r n zugute kommen. F ü r d e n B e ſ i t z e r w e r b a m G r u n d u n d B o d e n durch den Wohnungsnehmer ſoll der Grundſatz v o l l e r V e r t r a g s f r e i h e i t gelten. Es ſollen alſo nicht nur die Rechtsinſtitute zugelaſſen werden, bei denen, wie bei E r b b a u, Erbpacht und Kauf mit Vorbehalt von Wiederverkaufs-rechten die künftige Wertserhöhung der Allgemeinheit erhalten bleibt, ſondern insbeſondere auch d e r v o l l e u n d u n e i n g e ſ c h r ä n k t e E i g e n t u m s e r w e r b. Der Wohnungsbau ſoll n i c h t a u f d i e Herſtellung von E i n f a m i l i e n h ä u ſ e r n b e ſ c h r ä n k t, es ſollen vielmehr daneben, und zwar als billigſte Wohnungstype K l e i n ‌- w o h n u n g e n i n m e h r g e ſ c h o ſ ſ i g e n R e i h e n h ä u ſ e r n b e- ſ c h a f f t werden. Durch die tunlichſte H e r a b ſ e t z u n g d e r b a u- p o l i z e i l i c h e n A u f l a g e n, dann durch die Ausführung im G r o ß b a u b e t r i e b unter Heranführung des Eiſenbahngleiſes bis an die Bauſtätte und durch möglichſt weitgehende N o r m a l i ſ i e r u n g von Bauten und Bauteilen ſollen auch die Baukoſten herabgedrückt werden. Durch ö f f e n t l i c h e K r e d i t e r l e i c h t e r u n g e n ſollen die Zinsſätze ermäßigt, auch ſonſt ſoll der Bau der Kleinwohnungen von Staat und Gemeinde weitgehend gefördert werden.

Ganz beſonderes Gewicht iſt zu legen auf eine möglichſt z w e c k- m ä ß i g e u n d w i r t ſ c h a f t l i c h e A u s g e ſ t a l t u n g d e s V e r- t e h r s u n t e r n e h m e n s. Dasſelbe ſoll ausſchließlich dem Woh-nungsbedürfnis dienen und dieſem Zweck möglichſt eng angepaßt werden, ſeine Ausgeſtaltung a l s S c h l e i f e n b a h n, die e l e k- t r i ſ c h e Z u g b e f ö r d e r u n g m i t i h r e n k l e i n e n u n d h ä u f i g e n

Zugeinheiten, die Einrichtung eilzugmäßigen Betriebes, die Einführung eines Einheitstarifs, die weitgehende Erleichterung des Übergangs auf die innerstädtischen Verkehrsmittel und die Vereinbarung von Übergangstarifen mit diesen sollen den Verkehr zwischen Wohn- und Geschäftsstadt beschleunigen und verbilligen. In dem Entwurfsbeispiel ist die Ausgestaltung der Bahn als elektrische Schnellbahn und zwar im Außengelände als Damm- und Einschnittbahn, zum Teil als einfache Flachbahn, in der bebauten Stadt als Hoch- oder Untergrundbahn vorausgesetzt. Ich habe gezeigt, wie durch den Bau der Bahn als gemischte Schnell- und Straßenbahn, nämlich im freien Außengelände als Schnellbahn, im Stadtinnern als Straßenbahn, ohne allzu erhebliche Verlangsamung des Betriebes eine wesentliche Ersparnis an Anlagekosten erzielt und auch die Finanzierung des Verkehrsunternehmens für sehr viel kleiner angelegte Wohnungsunternehmungen noch ermöglicht werden kann.

Als vornehmstes Mittel, um auch dem wirtschaftlich schwächsten Teil der Bevölkerung die Wohltat der Außenwohnung mit Gartenbesitz zuteil werden zu lassen, wird vorgeschlagen, den normalen Fahrtaufwand des Familienhauptes kapitalisiert zum Preis des Grund und Bodens zuschlagen und damit als gemeinsame Last auf alle Anwesensbesitzer zu verteilen, wobei auch die mit regelmäßigen Fahrtbezugsrechten nicht auszustattenden Grundbesitzer (ortsansässige Gewerbetreibende, Vergnügungsstätten usw.) entsprechend mit herangezogen werden sollen. Dem kleinen Wohnungsbesitzer wird dabei ein großer Teil der Fahrtkosten, die gerade für ihn eine unerschwingliche Last sein würden, abgenommen, während der wohlhabende Bewohner der Gartenstadt, der über einen ausgedehnteren Grundbesitz verfügt, sich den Vorteil häufiger und rascher Zugsverbindungen sichert, die durch die Ansiedelung breiter Massen von Kolonisten erst möglich gemacht werden.

Es ist bekanntlich schon häufig der Gedanke ausgesprochen worden, die Verkehrsmittel ebenso der allgemeinen Benutzung unentgeltlich zur Verfügung zu stellen wie die Straße. Es ist kaum auszudenken, welche Befruchtung und Hebung der ganzen Lebenswirtschaft unseres Volkes es bedeuten würde, wenn dieses Ideal wenigstens im großstädtischen Wohnverkehr verwirklicht werden könnte, und vielleicht ist

5

es keine Utopie, sich mit solchen Problemen zu beschäftigen[1]), wenn auch allerdings mit einer gewissen notwendigen Begrenzung der Endziele. Man wird nämlich bei Wohnungsbahnen, wenn man sich das praktisch Erreichbare vor Augen hält, nicht jedem Beliebigen die gebührenfreie Benutzung gestatten können, sondern sie beschränken müssen auf diejenigen, die an der Benutzung ein berechtigtes und notwendiges Interesse besitzen, d. i. auf die Wohnungsnehmer. Es ist ein Teil dieses Gedankens, dem die Preisschrift durch Gewährung von Fahrtbezugsrechten an die Wohnungsnehmer Rechnung zu tragen sucht. Freilich wird man einwenden können, daß Völcker, indem er die Vergünstigung auf das Familienhaupt beschränkt, auf halbem Weg stehen geblieben sei, aber hiefür war zweifellos nur die Absicht maßgebend, nicht durch eine allzu starke Vermehrung der Zahl der Freifahrtberechtigungen den auf den Grund und Boden zu legenden Zuschlag unverhältnismäßig zu erhöhen und dadurch die Wirt= schaftlichkeit des ganzen Unternehmens in Frage zu stellen. Jedenfalls drängt sich der Gedanke auf, daß es eine außerordentliche Vervoll= kommnung des Unternehmens bedeuten würde, wenn der Kreis der Berechtigten weiter gezogen und die Erreichung dieses Zieles auf irgend eine Weise, sei es auch durch Beihilfen des Staates oder der Gemeinde oder durch Unterstützung von anderer Seite her erleichtert werden könnte.

Man trifft vielleicht den Grundgedanken, von dem sich die Verfasser der Preisschrift leiten ließen, am besten, wenn man sagt: Das Problem muß von allen Seiten aus angefaßt, und es darf auf keines, auch nicht das kleinste Mittel verzichtet werden, das zur Lösung beizutragen geeignet ist. Dieser Gedanke ist folgerichtig. Der Weg, der hier vorgeschlagen wird, ist der einzige, auf dem auch die minderbemittelten Klassen der im Innern der Großstadt werktätigen Bevölkerung, und zwar bis herab zu den wirtschaftlich Schwächsten, der Wohltat einer Wohnung mit Gartengenuß teilhaftig gemacht werden können.

Heute besteht in= und außerhalb Deutschlands eine stattliche Reihe von Gartenstädten. Aber nirgends ist bisher eine so umfassende Lösung versucht, nirgends sind so weit ausgreifende Hilfsmittel herangezogen

---

[1]) Zu vgl. die interessante Diskussion in der Versammlung des Vereins für Eisenbahnkunde zu Berlin vom 8. November 1910 (Glasers Ann. Bd. 69 S. 1).

worden, wie dies hier vorgeschlagen wird, insbesondere ist man bei der Verfolgung des Gedankens, die Kosten des Verkehrs der Gesamtheit des beteiligten Grundbesitzes als gemeinsame Last aufzuerlegen, bis jetzt über bescheidene Anfänge[1]) nicht hinaus gekommen.

Ein Gartenstadtprojekt großen Stils ist im Jahre 1910 für München im Auftrag einer von dem Verein für Verbesserung der Wohnungsverhältnisse in München eingesetzten Gartenstadtkommission von dem Vorsitzenden dieses Vereins, Geheimrat Professor Dr. v. Gruber und Hofrat Dr. Paul Busching, ausgearbeitet worden. Die Gartenstadt sollte in dem etwa 10 km vom Stadtzentrum entfernten Forstenriederpark geschaffen und durch eine Schleifenbahn mit der Großstadt verbunden werden. Das Projekt ist aus Gründen, die nicht in der Sache lagen, leider nicht weiter verfolgt worden[2]).

Vielleicht geben die harten Notwendigkeiten, die auf dem Gebiete des Wohnungswesens nach dem Kriege an die verantwortlichen Stellen herantreten werden, Veranlassung, sich wieder mit dem Problem zu befassen.

Ein umfassendes Vorgehen auf dem hier angedeuteten Wege würde zweifellos einen wichtigen sozialen Fortschritt für weite Kreise der Großstadtbevölkerung bedeuten. Dem kleinen Manne würde die Lebenshaltung erleichtert und es würde das Heranwachsen eines gesunden Nachwuchses gefördert. Aber auch wirtschaftlich wäre die groß angelegte Durchführung der Vorschläge von nicht zu unterschätzender Bedeutung. Denn es würde eine intensivere und höherwertige Benutzung von Grund und Boden eingeleitet, Ackerland in Gartenland umgewandelt, der Bau von Obst und Gemüse und die Kleintierhaltung in der unmittelbaren Umgebung der Großstadt gefördert, nach Umständen auch der Entstehung wichtiger gewerblicher Klein- und Großbetriebe vorgearbeitet, lauter Probleme, die gerade nach den Erfahrungen im Weltkrieg künftig eine erhöhte Bedeutung für unsere Volkswirtschaft erlangen werden.

---

[1]) J. oben Seite 15 und Fußnote 2 Seite 10.

[2]) Die Gartenstadtfrage ist in der Folge auch in den Schriften des bayerischen Landesvereins zur Förderung des Wohnungswesens, insbesondere von Graf Törring und Dombaumeister Knauth näher behandelt worden, Heft 8 der „Schriften", München 1911.

Gegenüberstellung der Anlagekosten und Betriebsausgaben für die vier Typen einer Wohnungsbahn.

Beilage.

	Elektrische Schnellbahn		Gemischte Schnell- und Straßenbahn		Überland-Straßenbahn		Dampf-Schnellbahn	
Vortrag	Entwurfs-Beispiel	Kleineres Unternehmen	Entwurfs-Beispiel	Kleineres Unternehmen	Entwurfs-Beispiel	Kleineres Unternehmen	Entwurfs-Beispiel	Kleineres Unternehmen
	2	3	4	5	6	7	8	9
	Mill. Mark	M.	Mill. Mark	M.	Mill. Mark	M.	Mill. Mark	M.
A. Anlagekosten.								
Bauanlagen	29,00¹)	24,50¹)	11,4	9,3	4,3	3,15	27,5	23,5
Fahrmaterial	4,70	1,03	6,9	1,5	6,6	1,52	3,9	0,91
Summa:	33,70	25,53	18,3	10,8	10,9	4,67	31,4	24,4
B. Betriebsausgaben.								
I. Feste Kosten:								
1. Stationspersonal	157 850	57 400	72 000	27 000	36 000	9 000	157 850	84 400
2. Bahnunterhaltung	525 000	187 100	400 000	130 000	320 000	127 000	435 000	127 100
3. Allg. Verwaltung	340 000	75 000	340 000	75 000	340 000	75 000	340 000	75 000
4. Verzinsung und Tilgung der Bahnanlage (5%) .	1 380 000	1 170 000	570 000 72 000²)	465 000 72 000²)	215 000 80 000²)	158 000 80 000¹)	1 320 000	1 133 000
Summa. Feste Kosten:	2 402 850	1 489 500	1 454 000	769 000	991 000	449 000	2 252 850	1 419 500
II. Kosten der Züge:								
1. Personalaufwand	233 200	47 900	634 500	141 500	2 732 500	609 500	300 300	69 500
2. Unterhaltung des Fahrmaterials	493 300	105 000	760 000	165 000	726 000	167 000	585 000	121 000
3. Verzinsung und Erneuerung d. Fahrmaterials	329 500	70 000	483 000	105 000	462 000	106 400	255 000	59 500
4. Stromverbrauch	1 382 700	256 800	992 000	186 000	750 000	158 800	744 000	161 000
Summa. Kosten der Züge:	2 438 700	479 700	2 869 500	597 500	4 670 500	1 041 700	1 884 300	411 000
Gesamtkosten:	4 841 550	1 969 200	4 323 500	1 366 500	5 661 500	1 490 700	4 137 150	1 830 500

¹) 5,6 km Unterpflasterbahn. ²) Straßenbenutzung.